DistelLiteraturVerlag

Tito Topin, Grafiker, Illustrator, Schriftsteller und Drehbuchautor, geboren 1932 in Casablanca. Er emigriert 1956 nach Brasilien und kehrt 1962 zurück. 1966 siedelt er nach Paris über, wo er u. a. Comicstrips (als Illustrator), Kinder- und Jugendliteratur veröffentlicht sowie Filmplakate entwirft. 1982 erscheint sein erster Kriminalroman bei Gallimard in der Série Noire. Zahlreiche weitere Kriminalromane folgen. Einem breiteren Publikum wurde er bekannt als Schöpfer der legendären französisch-deutschen TV-Serie *Navarro* mit Roger Hanin in der Hauptrolle. Vom französischen Kulturministerium wird er mit dem Orden *Chevalier des Arts et Lettres* ausgezeichnet und erhält u. a. den *Grand Prix de littérature policière*, den *Prix polar de Cognac* sowie den *Prix Mystère de la critique*. Tito Topin lebt heute in Avignon und Paris.

Tito Topin
Exodus aus Libyen

Aus dem Französischen von
Katarina Grän

DistelLiteraturVerlag

Deutsche Erstausgabe

Sonnengasse 11, 74072 Heilbronn
Die Originalausgabe erschien 2013 unter dem Titel
«Libyan Exodus» bei Éditions Payot & Rivages (Paris)

Umschlagentwurf: Yvonne Hennings, Heilbronn,
mit einem Motiv von: © Getty Images / Éditions Payot & Rivages
Druck und Bindung: Druckerei Steinmeier GmbH, Deiningen
ISBN 978-3-923208-90-6

Wenn die Vernunft auf Sand gebaut ist, bricht sie unter der Wut zusammen.

Driss Chraïbi *(La mère du printemps)*

1

Die Sonne steht hoch, der Himmel ist wolkenlos blau, die Atmosphäre von einer seltenen Vollkommenheit. Zwei Frauen tauschen von Fenster zu Fenster Eindrücke aus, während sie ihre Wäsche auf vor der Fassade gespannte Leinen hängen. Aus der vierten Etage ertönt der gutturale Schrei eines im Käfig gehaltenen Papageien, das Bellen eines Hundes antwortet ihm, die Lautsprecher hoch oben auf den Minaretts stoßen ihre Aufrufe aus. Mitten auf der nach den Gezeiten, angebranntem Fett und nach Fisch stinkenden Straße malt ein kleines Mädchen mit leuchtenden Augen mit einem Stein das Hüpfspiel «Himmel und Hölle» direkt in die Erde. Im Rinnstein trocknet eine Blutlache vollends aus, der Körper ist verschwunden, übrig ist nur ein Schuh mit Löchern in der Sohle. Ein Schwarm fliegender Schaben schwirrt aus einem Gully hervor und verdunkelt die angrenzende Straße mit einem sich bewegenden Schatten, unter dem Taxis, qualmende Lastwagen, knatternde Motorroller, Pferde- und Eselskarren, Fußgänger, brechend volle Kleinbusse und schwer beladene Autos sich vermengen und kreuz und quer fortbewegen: die totale Anarchie.

In diesem urbanen Chaos stürzt sich der Fahrer des Land Cruisers mit durchgedrückter Hupe in den Verkehr, erzwingt die Durchfahrt, donnert über den Gehsteig, schert sich einen Dreck um Ampeln. Abbremsen kommt nicht infrage, anhalten würde bedeuten, sich in Gefahr zu bringen. Am Vortag sind im Zentrum drei Busse von schwerbewaffneten Männern überfallen worden, als sie an roten Ampeln hielten. Die Passagiere wurden ausgeraubt, mehrere mit roher Gewalt, ein Junge wurde getötet, eine Frau kam ins Krankenhaus.

Der Fahrer nennt sich Chino wegen seinen Mandelaugen unter den Lidern, aber das ist nicht sein richtiger Name, sein richtiger Name steht auf der Liste der zum Tode Verurteilten. Seite 225, Abs. 3. Iken Massima. Nur ein «k» statt zwei. Unfähig, seinen Namen richtig zu schreiben. Er ist ein großer Kerl, hager, knorrig, ohne Fett. Muskeln, Nerven und Sehnen kommen auf seiner schwarzen Haut zum Vorschein. Die breite Brust unter dem zerrissenen Unterhemd ist ein Gewirr aus Knoten, die sich bei jeder Bewegung ineinander verschlingen und zusammenziehen wie ein Vipernnest. Sein Bart ist ganz neu, pechschwarz, kein weißes Haar. Er wird ihn erst nach dem Tod des *Pourriture** abnehmen. Das hat er Izza versprochen.

«Du wirst aussehen wie ein Fundamentalist», hatte sie gesagt.

«Die haben kein Monopol auf einen Bart», hatte er erwidert. «Victor Hugo war kein Fundamentalist, Maimonidis und Aristoteles auch nicht.»

---

* *Pourriture:* Verderbtheit, (moralische) Korruptheit. Mit diesem Begriff umschreibt der Autor den Staatschef *(Anm. d. Übers.)*.

«Wie kommst du denn auf die? Ein Christ, ein Jude und ein Grieche, seit Jahrhunderten tot!»

Sie hatten gelacht.

Neben ihm auf dem Beifahrersitz, in Hemdsärmeln, ein Baumwollblouson lässig über die Knie geworfen, sitzt Henri Ventura und betrachtet das heillose Chaos durch die Windschutzscheibe. Er hat keinerlei Gepäck. Er lässt das Fenster runter, als zwei französische Rafale-Kampfjets in sehr niedriger Höhe vorüberfliegen. So niedrig, dass er die Nextor-Kanone unter dem rechten Flügel des Jagdbombers erkennen kann, die, wie er weiß, bis zu 2500 Granaten pro Minute abfeuern kann. Und so schnell, dass er die Piloten nicht mit Sicherheit erkennen konnte. Das ist normal, er kennt die von der Staffel nicht gut, außer Michel natürlich, und Charlie, aber Michel ist in Neapel und stopft sich mit Pizza Margherita voll, begossen mit Limoncello, und Charlie dürfte wohl tot sein, wenigstens muss man es ihm wünschen, es wäre besser für ihn. Dichter, schwarzer Rauch steigt über Bab-al-Azizyah, der Residenz des *Pourriture* auf. Die Kameraden haben den Job erledigt, der eigentlich seiner hätte sein sollen, denkt er und kurbelt das Fenster wieder hoch.

Das Gesicht männlich, wettergebräunt von der Sonne und dem Sport an der frischen Luft, das Haar im Bürstenschnitt, strohblond, die Augen strahlend blau. Er ist mittelgroß, hält sich gerade auf seinem Sitz, so dass er größer wirkt. Lolita behauptete, er sähe Vincent Cassel, dem Schauspieler, ähnlich, aber ihr Urteilsvermögen war getrübt, sagten ihre Freunde: sie war verliebt. Seine Ganovenvisage hat mich verführt, antwortete sie, wenn sie gefragt wurde, wie sie, als Cineastin und Spezialistin über Coppola, dem sie zwei Werke gewidmet hatte, einen Piloten der Luftwaffe heiraten konnte, einen Berufssoldaten, der nie einen Film gesehen hatte außer im Fernsehen, unterbrochen von aufdringlicher Werbung. Sie kannten sich seit ihrer Jugend. Er kehrte aus Afghanistan zurück. Geheiratet nach wenigen Tagen. Ein Strohfeuer. Alles war so kurz gewesen.

Er zündet eine Zigarette an, darauf bedacht, sie nicht anzufeuchten, und reicht sie über die Schulter Ousmane hinter ihm.

Ousmane lehnt ab, er raucht nicht, er hat nie geraucht, erklärt er in einem Englisch, das von einem grauenhaften Akzent gefärbt und nicht immer verständlich ist. Die Religion?, erkundigt sich Henri. Die Armut, erwidert er.

Ousmane behauptet, er sei aus Benghasi. Sein nomadisches Aussehen lässt das glaubhaft erscheinen, aber in Wirklichkeit stammt er aus einem Elendsviertel von Faya-Largeau im Tschad.

Ohne zu warten, dass sie ihm angeboten wird, streckt Emmanuel Sharif die Hand aus und schnappt sich die angezündete Zigarette aus Venturas Fingern. Danke, sagt er und setzt eine Unschuldsmiene auf, was er bis zur Perfektion beherrscht.

Bei dem vierten Insassen des dicken Toyotas ist alles gummiartig, seine Nase, seine Augen, seine Hände, seine Füße, seine Ein-Meter-Neunzig, die er herablassend beugt, wenn er mit kleineren Menschen spricht. Er stellt einen wirren, weißen Haarschopf zur Schau, obwohl er erst zweiundvierzig ist. Er trägt eine Brille, die er überhaupt nicht benötigt. Das Gestell ist aus Metall, dünn und leicht oval wie das eines russischen Revolutionärs zu Lenins Zeiten. Die farblosen Gläser ohne Sehstärke verleihen ihm das Aussehen eines Intellektuellen. Seiner Meinung nach sind die Intellektuellen in den Augen der Leute nicht gefährlich, außerdem ist das eine gute Tarnung. So, wie er da sitzt, erinnert seine schlaffe, entspannte Gestalt an einen Spargel, der einer Genmanipulation unterzogen wurde. Seine Tasche steht an seinen Füßen. Sie ist sperrig, länglich, verziert mit dem Siegel der Firma Vuitton. Eine plumpe Fälschung. Seine Finger umschließen den Taschenriemen.

Chino hat die anderen Passagiere in das alte italienische Viertel in der Nähe des Hotels Al-Safwa an der Ecke der Straßen Baladiyah und Karachi bestellt, ein Sektor, der bislang von den Luftangriffen der Koalition verschont geblieben ist. Als er ankommt, stellt er den Motor ab und macht sich durch ein langes Hupen bemerkbar. Zwei Männer tauchen auf.

Auf einem von Plumbagos beschädigten Mäuerchen unter dem dürftigen Schatten eines Peruanischen Pfefferbaums sitzt Doktor Kenneth Hitchcock, seine Arzttasche aus altem Leder und einen Rollkoffer zu seinen Füßen. In der Eile hat er nur das Allernötigste mitgenommen, etwas Unterwäsche zum Wechseln, Toilettenartikel, seine Medikamente gegen Bluthochdruck, einen Sammelband von Graham Greene, der insbesondere *The Power and the Glory* enthält, das er im Gefängnis zu lesen angefangen hatte, zwei Flaschen Whisky, teuer von einem Slowenen erstanden, und einen Aluminiumbecher, weil er es hasst, aus der Flasche zu trinken, eine Frage der Erziehung. Fett, dickbäuchig, die Augen versteckt unter schweren Lidern, sarkastischer Blick, hängende Lippen, bissiger Mund, sorgfältig gestutzter, ergrauender Dreitagebart, wischt er sich das Gesicht mit einem Taschentuch ab, auf das seine Initialen gestickt sind, wie es sich für einen Mann seines Standes schickt. Wenn er gähnt, wabbeln die Hängebacken wie Wackelpudding und fallen vorhangähnlich auf jeder Seite seines Gesichts herab, vereinen sich mit der schwammigen Masse des Doppelkinns.

Er stützt sich an der Mauer ab und steht auf, klopft sich den Staub vom Hosenboden.

Gleichzeitig ist auf der anderen Straßenseite ein Mann aufgestanden.

Er ergreift einen großen, mit einem Zahlenschloss verriegelten Hartschalen-Koffer mit Rollen, dessen rote Farbe von der Sonne angegriffen ist. Eine Digitalkamera hängt an einem Riemen vor seiner Brust. Er hat die Kleidung von der Ausgrabungsstelle anbehalten, die er im Landesinneren geleitet hat, das heißt einen unförmigen Hut mit Salzflecken vom Schwitzen, eine khakifarbene Drillichhose mit zwei vollen Taschen an den Seiten der Oberschenkel, eine offene Saharaweste, bei der eine Epaulette herabbaumelt, darunter einen sandfarbenen, sonnengebleichten Baumwollpulli mit Rundhalsausschnitt. Der Mann ist klein, das Gesicht ledern und grobschlächtig, die Knochen sind hervorspringend, die Haare schwarz und glatt, die Augen grau hinter dem Glas der Hornbrille.

«Jean-David Mouillon», stellt er sich vor und vertraut Chino seinen Koffer an, bevor er in den Wagen klettert.

Ton und Haltung von jemandem, der es gewohnt ist, Befehle zu erteilen.

Seine Arzttasche in einer Hand, den Rollkoffer mit der anderen hinter sich herziehend, kommt Kenneth Hitchcock gemächlich herbei.

«Machen Sie es sich bequem», sagt Chino, nachdem sie ein paar Höflichkeitsfloskeln auf Englisch ausgetauscht hatten.

«Ich bleibe lieber draußen», grummelt Hitchcock mit jener rauen Stimme, die auf einen exzessiven Alkohol- und Tabakkonsum schließen lässt. «Da drin ist ja der reinste Ofen», fügt er hinzu und setzt sich auf das Trittbrett des Land Cruisers.

Dabei sind die Türen offen geblieben, um Durchzug zu schaffen.

«Worauf warten wir noch?», fragt Emmanuel Sharif mit einem Blick auf die Uhr, die gleiche, die Steve MacQueen in *Le Mans* trug, eine TAG Heuer, die er in Old Cataract d'Assouan gewonnen hatte, dank eines Full House mit Damen über eines mit Buben.

«Die Frauen», antwortet Chino mit einem Schulterzucken. «Wir warten auf die Frauen.»

Angewiderter Blick von Sharif.

«Was für Frauen? Ist das dein Ernst?»

«Sie müssten gleich da sein», erklärt Ventura ohne große Überzeugung.

«Zwei Frauen, eine von ihnen schwanger», erläutert der Fahrer.

«Das hat gerade noch gefehlt», höhnt Sharif. «Wenn sie bloß nicht unterwegs niederkommt. Ich hab diesen Weg schon einmal gemacht, das ist kein Spaziergang.»

«Vorn ist es bequemer für sie», sagt Ventura und erhebt sich. «Soll sie meinen Platz nehmen.»

«Nein, bleib», sagt Chino. «Vielleicht brauch ich dich.»

«Ist es dir lieber, wenn sie während der ganzen Reise kotzt?»

Er steigt aus und setzt sich auf die zweite Rückbank, als er ein Hupen hört und den Kopf wendet.

Ein Hyundai Minibus hält neben dem Land Cruiser. Eine junge Frau steigt aus: unruhige Miene, der Blick wachsam, der Gang unsicher auf hohen Absätzen. Sie scheint erleichtert, als sie Chino erkennt, eilt auf ihn zu, hält ihm einen Passierschein unter die Nase und klettert in den Wagen. Wortlos setzt sie sich neben Henri Ventura.

Er bietet ihr eine Zigarette an und mustert sie, während sie sich bückt und eine Tasche zwischen ihre Beine klemmt. Sie hat eine gewölbte Stirn, umspielt von schwarzen Locken, die aus dem Kopftuch hervorlugen, einen kohlschwarzen Blick, hohe Wangenknochen, eine hübsch gebogene Nase, einen ockerfarbenen Teint, volle Lippen. Sie könnte einem Gemälde von Hugo Pratt entsprungen sein. Wie alt ist sie wohl? Zweiundzwanzig, fünfundzwanzig? Nein, keine zwanzig, denkt er, als er ihre Hände betrachtet. Kinderhände.

Sie richtet sich wieder auf, fischt eine Zigarette aus der Schachtel, die er ihr reicht, und neigt ihr Gesicht dem Feuerzeug entgegen.

«Danke», sagt sie inhalierend.

«Ich heiße Henri.»

«Salima.»

Er hat gehört, dass arabische Frauen nicht rauchen, jedenfalls nicht in der Öffentlichkeit, außer den Huren. Sollte sie also eine Hure sein? Er hat keinerlei Erfahrung mit Prostituierten, daheim hat er keine gekannt. Sie würde wie eine Spanierin aussehen, wären da nicht das Kajal um die Augen, das bestickte Kopftuch und das hennafarbene Tattoo einer stilisierten Hand, eine *Khamsa*, auf dem rechten Handrücken.

«Das bringt Glück», sagt sie, als sie seinen Blick bemerkt.

«Das tragen Sie in sich.»

«Was?»

«Das Glück.»

«Was soll der Quatsch?»

Der eisige Ton, die plötzliche Verärgerung.

«Nein, ich meine es ernst.»

Sie hatte gedacht, er würde sie anbaggern. Und wenn er ihr das Foto von Lolita zeigen würde, das er in seinem Blouson hat? Das, auf dem sie beide posierten, schön und braungebrannt, vor einem ehemaligen Kolonialhaus in Charlston, wo sie ein Wochenende in einem Motel in der Meeting Street verbracht hatten. Die Veranda aus weißem Holz wirkt wie Spitzenbesatz an der von einer Kaskade aus Bougainvilleas belebten Fassade, vorne auf ganzer Länge ein Gärtchen. Sie hatten einen brasilianischen Touristen gebeten, das Foto aufzunehmen. Schauen Sie, Mademoiselle Salima, das ist meine Frau. Nein, das stimmt nicht, er bedeutet ihr nichts mehr. Charlie, dieses Arschloch.

Er vermeidet es, sie anzusehen.

«Das ist gegen den bösen Blick», erklärt sie. «Nichts weiter.»

Er nickt zustimmend, ohne weiter darauf einzugehen, den Blick auf die staubigen Palmen gerichtet, deren Palmwedel träge vor dem Hintergrund des blauen Himmels hin und herschwingen. Dieses Land stimmt ihn melancholisch.

Ein Sammeltaxi fährt an dem Land Cruiser entlang, zieht vorbei, bremst, setzt zurück. Die Tür geht auf und eine Frau steigt schwerfällig aus, sie wirkt abgehetzt, ihr Blick ist sorgenvoll.

«Entschuldige», sagt sie auf Arabisch zu Chino und erklärt mit abgehackter Stimme, dass sie gern angerufen hätte, wenn sie seine Nummer gehabt hätte.

Sie war beim Planetarium an einer Straßensperre aufgehalten worden und hatte sich nur durch ein saftiges Schmiergeld an den Unteroffizier freie Fahrt verschaffen können, daher ihre Verspätung.

Sie versucht zu lächeln, jedoch nicht sehr überzeugend. Ihre Brust hebt und senkt sich schnell.

«Die Korruption ist schuld an der Revolution», sagt sie und fächelt sich mit der Hand Luft zu, «aber wer kann schon glauben, dass es danach keine Korruption mehr gibt? Niemand.»

«Wie heißt du?»

«Wardia Tasantani.»

«Ist gut», sagt er. «Wir haben dir vorn einen Platz freigelassen, neben mir. Warte, ich helf dir beim Einsteigen. Gib mir deinen Koffer.»

«Die wird es immer geben», fährt sie fort und schöpft Atem.

Ein Hund läuft an Kenneth Hitchcock vorbei, der auf dem Trittbrett sitzt. Die Art gelber Hund, der keiner bekannten Rasse angehört oder sie vielmehr alle in sich trägt, zu homöopathischen Anteilen.

Er läuft auf drei Pfoten, die vierte ist am Unterschenkel auf halber Höhe abgetrennt. Er bleibt an der Bordsteinkante stehen, zögert, die Straße zu überqueren, gibt dann angesichts des starken Verkehrs auf. Er kehrt um, setzt sich vor Hitchcock auf sein Hinterteil und wirft ihm einen flehenden Blick zu, einen menschlichen Blick.

«Auf geht's, Doktor», sagt Chino und hebt einen kleinen Stein auf, um den Hund zu verjagen.

«Nicht», sagt Hitchcock und hält seinen Arm zurück.

Er stützt sich mit den Händen auf den Knien ab, steht schwerfällig auf und geht mit den Fingern schnalzend auf das Tier zu, das wieder aufsteht und ihm humpelnd folgt. Der massige Mann hebt den Arm in Richtung der Autos und überquert die Straße im Zickzack zwischen den Flüchen und Protesten der Hupen, dicht gefolgt von dem verstümmelten Hund, der mit dem Schwanz wedelt. Auf der anderen Seite angekommen, lässt er das Tier davonrennen und kehrt auf dieselbe Weise zurück.

«Das war mein Bruder», erklärt er, als er zu Chino und den anderen Fahrgästen zurückkommt, die ihm mit ungläubigem Blick gefolgt sind. «Wenn die Menschen sich alle gegenseitig umgebracht haben, können die Hunde sich aus ihrer Lage befreien und eine schöne Zivilisation auf den Ruinen der unseren aufbauen, und wissen Sie, warum sie schön sein wird? Weil die Hunde sich nicht mit dem Gedanken an Gott belasten, die scheißen drauf, und ich wette, dass sie weder Kathedralen noch Moscheen noch sonst irgendetwas in der Art errichten werden.»

Chino öffnet den Mund in der Absicht, sich solche Reden zu verbitten, solange sie zusammen sind, überlegt es sich dann aber anders und schweigt. Er wird es ihm später sagen. Dies ist nicht der Moment für Diskussionen.

Er lädt das Gepäck hinten in den Wagen.

«Pass auf meinen Koffer auf», protestiert Mouillon und hebt die Arme zum Himmel.

Chino antwortet nicht, er verstaut das Gepäck, hilft der jungen, schwangeren Frau auf den Vordersitz, setzt sich ans Steuer und lässt den Motor an.

Bevor er losfährt, legt er seinen Revolver in die mittlere Armlehne.

«Mein Gott», ruft Wardia mit weit aufgerissenen Augen.

Chino bedeutet ihr mit einem leichten Taps auf den Handrücken zu schweigen.

«Rühr' mich nicht an! Kapiert?», schreit sie empört.

Ihr Handy klingelt. Sie holt es aus der Tasche.

Er nimmt es ihr aus der Hand und unterbricht die Verbindung.

«Antworten Sie nicht, wenn Sie angerufen werden», sagt er an die Fahrgäste gewandt. «Das ist klüger. Sie könnten uns lokalisieren.»

«Sie haben doch keinen Grund, uns zu suchen», sagt die schwangere Frau entsetzt.

«Sei still», erwidert er und gibt ihr das zum Schweigen gebrachte Telefon zurück.

Hinten drängt Salima sich gegen Henri Ventura, um Ousmane mehr Platz zu machen.

Der Wagen beschleunigt. Festgesaugt an der Innenseite der Windschutzscheibe grüßt unermüdlich eine Gummihand, der ein Finger fehlt.

Die Stadt sprudelt nur so vor Geschäftigkeit über, als müsste sie die Zeit wieder aufholen, die sie durch die von den Bombenangriffen verursachten Unterbrechungen verloren hat. Sie dröhnt von den Rufen an die Kunden, vom Lärm der Motoren, den Klimaanlagen, den Hupen, den Sirenen der Krankenwagen, Feuerwehr- und Polizeiautos, von der Musik, die aus den Läden dringt. Ein schwerer Gestank dringt aus den Mülltonnen und Gullys. Berge von Abfall gären in der Sonne, die Autos heizen die Luft auf, der Asphalt schmilzt, das Straßenpflaster glüht. Die Hand unablässig auf der Hupe, bahnt Chino sich schlecht und recht einen Weg zwischen den Lastern, die so schwer beladen sind, dass ihre Radachsen die Straße streifen, zwischen den wahnwitzigen Minibussen, den kleinen dreirädrigen Zweitaktern, den Esels- und Pferdekarren, gelenkt von Bauern, die dem Kampfgebiet im wilden Galopp zu entfliehen suchen, den Autoskooter spielenden Taxis, den der Gefahr trotzenden Fußgängern. Der Tumult ist unbeschreiblich. Ein seinen Deichselstangen entwischtes Muli wirft einen Stand um, stürzt sich in den Verkehr, stößt gegen den Land Cruiser und verfolgt weiter seinen verrückten Lauf. Wer in diesem Chaos leichtfertig an einer Ampel stehen bleibt, riskiert Kopf und Kragen.

Plötzlich lassen ohrenbetäubende Explosionen, verstärkt durch das dröhnende Ausstoßen der Flugabwehrbatterien einige Scheiben in alten Fenstern zerspringen. Zwei Kampfflugzeuge jagen mit furchteinflößendem Donnern Richtung Meer. Ein Pferd bäumt sich auf, der Karren kippt um und befreit hunderte an den Füßen zusammengebundene Hühner. Wahre Sträuße aus Geflügelfleisch. Erneute Explosionen, näher diesmal. Weitere Flugzeuge tauchen plötzlich auf und verschwinden mit Blitzgeschwindigkeit. Eine Palisade stürzt ein, die Markise einer Apotheke reißt ab, eine Kleiderauslage fliegt fort. In wenigen Sekunden leert sich die Straße.

Der Land Cruiser macht sich davon.

Mit Vollgas braust Chino in die Rue Gourgi hinein, die nach Bab Gargarech führt, und meidet so die Straßensperren auf den großen Verkehrsachsen.

Ein Triumphbogen, hervorgehoben durch ein gewaltiges Portrait des *Pourriture*, zeichnet sich in der Ferne ab. Die Farben sind plakativ, die Malerei ist naiv, stellenweise rissig.

Am Straßenrand steht ein sowjetischer T-34 E Panzer, die Kanone auf die Stadt gerichtet. Etwa zehn regierungstreue Söldner, Kalaschnikows quer über der Brust, kontrollieren Ein- und Ausgänge, konfiszieren die Papiere, legen sie ihrem mit einem dünnen Schnurrbart ausgestatteten Chef vor, der an einem kleinen Tisch vor einer Reihe Stempelkissen sitzt. Eine endlose Schlange Laster wartet mit ausgeschaltetem Motor auf ihr Verdikt. Vier Fahrer hocken gleichmütig rund um eine Schüssel *Bazeen* auf dem Boden und spielen Karten. Während der Spielpausen nehmen sie mithilfe eines Stücks Fladenbrot die Paste aus Gerstenmehl auf und tunken sie in eine

Sauce aus Gemüse, Fleisch und hartgekochten Eiern, bevor sie das Ganze zum Mund führen.

«Deine Papiere», sagt ein Soldat und streckt eine ungeduldige Hand an die Autotür.

«Wir sind auf dem Weg zu einer Hochzeit in Zouara», erklärt Chino lächelnd.

«Deine Reiseberechtigung.»

«Eure Passierscheine», übersetzt Chino an seine Passagiere gewandt.

«Ich rede mit dir», entgegnet der Soldat schneidend.

Chino faltet einen Hundert-Dinarschein, steckt ihn in seinen Führerschein und reicht beides durch die Autotür.

Der Soldat steckt den Schein ein, behält den Führerschein.

«Aussteigen.»

Unbeugsame Haltung, der Ton ohne jede Liebenswürdigkeit.

«Ich habe dir meine Papiere gezeigt.»

«Aussteigen!»

«Ich hab noch mehr davon.»

«Das reicht, aussteigen! Alle aussteigen! *Y'alla, fissa*!»

«Na, na, ich habe doch die Papiere, ich bin in Ordnung.»

Chino tut, als würde er dem Befehl Folge leisten, klappt die mittlere Armstütze hoch, schiebt mit einem Finger die Revolvertasche zurück, nimmt den Revolver heraus und spannt den Hahn, während er weiterredet, um das Klicken zu übertönen.

Wardia reißt den Mund auf.

Mit einer Bewegung der Augenlider bedeutet er ihr, nicht zu schreien und wendet sich wieder an den Soldaten.

Die Kugel trifft ihn mitten ins Gesicht und reißt ihm die halbe Schädeldecke weg.

2

Lautstarker Protest der Gangschaltung.

Aufheulen der 120 PS. Die Räder drehen durch, die Reifen laufen heiß. Der Land Cruiser fährt mit Vollgas durch den Triumphbogen. Ein Söldner kann nicht mehr rechtzeitig ausweichen. Aufprall. Auf der Motorhaube. Schreie.

Der Panzerturm nimmt eine schnelle Drehung vor, das Kanonenrohr schwenkt herum, zielt auf das Auto. Eine Feuerzunge schießt aus dem Panzer hervor. Die Granate trifft einen Betonpfeiler, das Portrait des *Pourriture* bröckelt ab. Stürzt in sich zusammen. Beifall. Eine zweite Granate schlägt in einen Lastwagen ein. Setzt ihn in Brand.

Automatische Schusswaffen gehen los. Knattern. Der Söldner fällt herunter. Ein Rad überrollt ihn. Köpfe werden eingezogen, Leiber geduckt. Ein Projektil zerschmettert die Heckscheibe des Land Cruisers, zerstört die Innenbeleuchtung. Münder werden aufgerissen, Schreie brechen hervor. Dröhnen. Eine Granate fliegt so dicht vorbei, dass alle ihren heißen Luftzug spüren. Eine Bodenwelle befördert sie in die Höhe. Der Wagen fällt wieder auf die Räder, prallt auf seinen Stoßdämpfern ab. Eine Schafherde versperrt die Straße. Zu spät zum Bremsen. Chino reißt das Lenkrad nach rechts. Der Land

Cruiser neigt sich zur Seite, die Karosserie quietscht, das Blech gibt nach, die Radachsen wiehern. Er behält das Gleichgewicht, verlässt die Teerstraße, holpert über ein steiniges Feld. Bei dem Drunter und Drüber stoßen die Fahrgäste aneinander wie Flipperkugeln.

Eine Granate schlägt an der Stelle der Straße ein, die der Toyota soeben verlassen hat, mitten in die Schafherde. Eine Fontäne aus Eingeweiden, Fleisch und Wolle. Rot. Die Tiere stapeln sich dutzende von Metern weit.

Ein Gewirr von Splittern, Staub und Blut legt sich über den Land Cruiser und nimmt dem Panzer die Sicht. Die Schüsse werden undeutlicher, verebben schließlich ganz.

Der Wagen gelangt wieder auf den Asphalt. Dank einer langen, geraden Strecke kann er mit durchgedrücktem Gaspedal davonbrausen und sie endgültig außer Reichweite bringen. Die Fahrgäste klammern sich aneinander fest, richten sich wieder auf, tasten sich ab, erstaunt, noch ganz zu sein. Sie lassen sich wieder los, fahren sich mit den Fingern durch die Haare, bringen ihre Kleidung in Ordnung, suchen nach einem in der Panik verloren gegangenen Gegenstand. Wardia hat die Hand auf dem Mund behalten, um den Schreckensschrei runterzuschlucken, der sie innerlich auffrisst.

«Es ist vorbei, gute Frau», sagt Emmanuel Sharif und tätschelt tröstend ihre Schulter. «Beruhigen Sie Ihr Baby, es braucht keine Angst zu haben.»

Kenneth Hitchcock lacht schallend los.

«Was gibt's da zu lachen?», empört Sharif sich.

«Was heißt hier keine Angst?», brüllt Hitchcock und knöpft seinen Hosenträger wieder fest. «Im Gegenteil,

Sie müssen diesem Baby ordentlich Angst einjagen, Sie müssen ihm von den Kriegen erzählen, von der nuklearen Bedrohung, vom Welthunger. Erzählen Sie ihm von der Arbeitslosigkeit, den Tsunamis, dem Lungenkrebs, den Serienkillern, dem Ozonloch. Sagen Sie ihm von jetzt an die Wahrheit, wiegen Sie es in Ihren Armen und singen Sie ihm vor von den Booten, die mit achthundert Unglücklichen an Bord versinken, singen Sie von diesen Tausenden ermordeter Syrier, diesen Kubanerinnen, die auf den Strich geschickt werden, von diesen Kindern, die man ins Bergwerk jagt. Sie müssen diesem Baby die Wahrheit sagen, damit es sich mit der Nabelschnur erwürgt, statt rauszukommen!»

Beim letzten Satz hat sich seine Stimme überschlagen.

Sprachlosigkeit.

«Sie sind unausstehlich!»

«So mit einer schwangeren Frau zu sprechen!»

«Unverschämt!»

«Ja, sie hat recht, unverschämt!»

«Wer ist der Kerl überhaupt?»

«Wie können Sie nur?»

«Was glauben Sie eigentlich, wer Sie sind? Wer gibt Ihnen das Recht, so mit ihr zu reden?»

Kenneth Hitchcock lehnt sich knurrend in den Sitz zurück und entkorkt seine Whiskyflasche. Seine Haare sind grau-gelb, lang und lockig über den Ohren und im Nacken. Er wirft sie zurück, streicht sich über den Dreitagebart, und wahre Speckkaskaden fallen von seinem Kinn herab. Sein eidottergelber Leinenanzug von zweifelhafter Sauberkeit macht nicht den Eindruck, als hätte er jemals ein Bügeleisen gesehen, aus dem offenen Hemd schaut ein Büschel grauen Brusthaars hervor.

Der Alkohol löst einen Husten aus. Er räuspert sich, wischt sich den Mund und fährt fort:

«Blödsinn. Die Menschen bringen sich gegenseitig um, und wenn sie sich gerade nicht gegenseitig umbringen, zeugen sie Kinder, damit die sich dann ihrerseits gegenseitig umbringen. Der einzige Weg, die Menschheit vor dem Massaker zu retten – wenn sie es denn verdient hat, gerettet zu werden –, ist, sich nicht mehr fortzupflanzen. Sonst werden mehr Tote auf als unter der Erde sein, wenn dieses Baby alt genug ist, um zu masturbieren.»

«Ich weiß ja nicht, wer Sie sind, Monsieur, oder was Sie im Leben machen», sagt Salima, «aber schön kann es nicht sein.»

In der Empörung fällt sie in den Tamaschek-Dialekt ihrer Heimatgegend zurück, der Oase von Tmissah in der Nähe der grünen Kraterseen von Waw-en-Namous, wo sie geboren wurde, bevor die Erdölförderung die berberischen Bauern aus der Gegend vertrieben hat, darunter auch ihre Eltern.

«Ich weiß, was er macht», sagt Wardia, «und das ist wirklich nicht schön. Es ist widerlich.»

«Sie haben recht, sich daran zu erinnern, Madame», sagt Hitchcock und mustert sie eindringlich, «und das ist gar nicht angenehm.»

«Was macht er denn?», fragt Sharif.

Hitchcock langt mit der Hand an seinen Kragen, um sich Luft zu verschaffen.

«Ich bin Arzt.»

Wardia wirft ihm einen hasserfüllten Blick zu.

«Ein widerlicher Arzt», sagt sie.

Ventura lächelt hämisch, schüttelt den Kopf. Es war nicht schwer zu erraten, dass der dicke Mann Arzt war, man brauchte nur seine Bestecktasche anzuschauen.

«Ich möchte nicht von Ihnen behandelt werden», sagt Salima herablassend.

«Das möchte niemand.»

«Keine Geschichten in meinem Auto», geht Chino dazwischen, ohne die Straße aus den Augen zu lassen. «Führen Sie Ihre Kleinkriege untereinander, wenn wir angekommen sind.»

«Ich hab mir auch gesagt, dass Sie genauso eine Visage haben wie die Figur von Astrow, der Arzt in *Onkel Wanja*», sagt Jean-David Mouillon, ohne sich um die Warnung des Fahrers zu kümmern. «Ich hab das Stück nicht gesehen, aber ich hab es vor etwa zehn Jahren gelesen, und ich habe ein gutes Gedächtnis.»

«Tschechow kotzt mich an.»

«Sie können nichts dafür. Sie sind Astrow wie aus dem Gesicht geschnitten… Er ist feige, desillusioniert, er säuft wie ein Loch, er ist süchtig, wie man heute sagt, und wenn er ordentlich getankt hat, wird er unglaublich aggressiv und zynisch, genau wie Sie.»

«Schnauze!», ruft Chino erfolglos.

«Es ist sehr schmeichelhaft zu erfahren, dass man einer literarischen Figur ähnlich sieht, auch wenn Ihr ‹Totow› mir nicht gerade die beste Referenz zu sein scheint, aber mit meinem Äußeren konnte ich natürlich nicht im Traum darauf hoffen, als James Bond durchzugehen», erwidert Hitchcock und beendet seinen Satz mit einem

Auflachen, das seinen Wanst schüttelt und aufs Neue einen Hosenträger löst.

Das Brummen einer Maschine und wachsender Lärm erzeugen das von Chino gewünschte Schweigen. Die Gesichter werden ernst.

«Sieh dich um», sagt er und hält Venturas Blick im Rückspiegel fest.

Die Köpfe drehen sich zu einem schwarzen Punkt im Rückfenster, der rasant größer wird.

«Was ist das?», fragt Sharif.

«Ein schnelles Auto», erklärt Ventura und versucht, seine Geschwindigkeit abzuschätzen.

«Glauben Sie, dass er uns folgt?»

«Gut möglich.»

Eine Detonation beseitigt ihre Zweifel.

«Er holt uns ein», sagt Ousmane.

«Können Sie nicht schneller fahren?», fragt Wardia.

Jede Farbe ist aus ihrem Gesicht gewichen.

«Ich hab das Gas durchgedrückt», sagt Chino.

Mit dem Finger zeigt er auf die steinigen Seitenstreifen am Rande der Straße, um ihnen klarzumachen, dass diesmal keine Hoffnung besteht, querfeldein davonzukommen. In derselben Bewegung holt er seinen Revolver hervor, lässt das Fenster runter und sucht eine Position, aus der er im Fahren zurückfeuern kann.

«Das wird nichts», sagt Ventura und greift über Jean-David Mouillons Schulter. «Gib ihn mir.»

Chino zögert.

«Sicher?»

«Gib her, mach schon.»

Keine Reaktion.

«Nun gib schon her, verdammt!»

Kurze Salven krachen. Die Kugeln treffen die Aluminiumkarosserie.

«Los, beeil dich!», schreit Ventura und übertönt das Durcheinander mit seiner Stimme.

Wardia kann ihren Angstschrei nicht mehr unterdrücken.

«Schnauze!»

Chino reicht seinen Revolver über die Schulter.

Jean-David Mouillon schnappt ihn, wirft einen kurzen Blick auf die Trommel, als wolle er sich vergewissern, dass sie auch funktioniert, und reicht ihn nach hinten weiter.

Ventura schwingt mit einer Drehung im Kreuz herum, setzt die Füße auf die Rückbank, krabbelt über die Rücklehne, robbt auf dem flachen Bauch über das Gepäck, vergrößert die Öffnung im Rückfenster mit dem Revolverkolben und legt sich in Schussposition.

«Fahr langsamer!», brüllt er dem Fahrer zu.

«Fahren Sie langsamer», wiederholt Mouillon, als befürchte er, dass Chino es nicht gehört hat.

Chino nimmt den Fuß vom Gas, tritt leicht auf die Bremse.

Das Verfolgerauto kommt mit rasender Geschwindigkeit näher. Ein Lancia, bedeckt mit von den Reifen aufgewirbeltem Staub.

Noch eine Salve. Die Projektile prasseln auf das Blech.

«Brems!», brüllt Ventura.

Die Vollbremsung schleudert die Fahrgäste nach vorn.

Von dem Manöver überrascht, rast der Lancia im

Zoom-in heran und entgeht dabei knapp einem Aufprall auf den 4 x 4.

Ventura kann den Fahrer deutlich erkennen, seine Uniform, seinen Dienstgrad.

Er schießt.

Der Fahrer zuckt zusammen.

Noch ein Schuss.

Eine Blutfontäne klatscht gegen die Windschutzscheibe.

Der Lancia schaukelt, fährt Schlangenlinien, stellt sich quer, kippt plötzlich um und überschlägt sich mehrfach, bevor er Feuer fängt.

Ventura kriecht rückwärts auf seinen Platz auf der Sitzbank zurück, wo Salima ihn mit kindischer Begeisterung umschlingt und auf die Wange küsst.

«Sie sind mein Held», sagt sie. «Superman, er ist Superman!», ruft sie den anderen zu.

«Gut gemacht», sagt Chino und lacht befreit auf.

Er schließt seine Hände fester um das Lenkrad, um das Zittern zu unterdrücken.

«Werden diese Schweinehunde denn nie müde?», fragt Sharif und atmet tief durch.

Ventura dankt Salima mit einem leichten Händedruck.

«Nein, sie werden nicht müde. Niemals. Jetzt werden sie einen Hubschrauber auf uns ansetzen wie in den Actionfilmen à la Hollywood», antwortet Jean-David Mouillon und nestelt an seinem Fotoapparat.

Er öffnet sein Fenster und lehnt sich hinaus, um ein Foto von dem brennenden Wrack zu machen, bevor es völlig in Flammen aufgeht.

«Es wird keinen Hubschrauber geben, die Koalition

hat den Luftraum verdammt gut unter Kontrolle», sagt Sharif, der kein Wort von dem glaubt, was er da sagt.

«In einem Bürgerkrieg hat niemand irgendetwas unter Kontrolle», sagt Doktor Hitchcock und nimmt einen Schluck Whisky.

«Oh, Sie, es reicht…»

«Wie denken Sie darüber?», fragt Sharif und dreht sich zu Ventura um, den Ellbogen auf der Rückenlehne.

«Ich hab keine Meinung. Was ich weiß, ist, dass ein Hubschrauber die Radargeräte täuschen kann, wenn er zum Beispiel sehr tief fliegt und der Straße folgt. Die Radargeräte können ihn mit einem großen Laster verwechseln.»

«Das klingt nicht gerade beruhigend.»

«Sie können auch kleine Flugzeuge einsetzen, die normalerweise Insektizide versprühen und die sie mit Maschinengewehren ausgestattet haben. Sie fliegen sehr tief, und die Koalition kann sie nicht ausmachen. In beiden Fällen, ob nun Hubschrauber oder Sprühflugzeug, müssten wir den Wagen verlassen und in unterschiedliche Richtungen davonrennen in der Hoffnung, Schutz zu finden, bevor sie uns abknallen. Aber falls Sie das beruhigen sollte, ich glaube nicht daran.»

«Ach nein?»

«Sie setzen die wenigen Flugmittel, die sie haben, lieber für spektakulärere Ziele ein.»

«Sie sind wohl ein Profi. Waren Sie in der Armee?»

«Nein, mitnichten, aber das leuchtet doch ein. Ich an ihrer Stelle hätte das getan.»

«Möge Gott uns beistehen», sagt Ousmane.

Doktor Hitchcock wischt sich den Nacken.

Auf der linken Straßenseite deutet ein Mäuerchen mit abgeblättertem Kalk auf die Einmündung einer Piste hin. Es trägt einen noch lesbaren Wegweiser.

«Bir Al Awud», verkündet Mouillon. «Verlassen Sie die Straße?»

«Über die Küste werden wir nicht hinkommen», sagt Chino und biegt in die Piste ein. «Sie haben uns entdeckt, irgendwo werden sie auf uns warten.»

«Und dort entlang?»

«Wir haben etwa hundert Kilometer Piste vor uns, dann stoßen wir wieder auf die Straße nach Ghadames, aber in Nalout machen wir einen Bogen zur tunesischen Grenze, die wir dann in Dehiba überqueren, so Gott will.»

«Ist das weit von Tunis?», fragt Wardia.

«Sie nehmen den Bus nach Remada. Dort ist ein Flughafen. Diejenigen, die kein Flugzeug nehmen können, fahren mit dem Bus weiter bis nach Tataouine.»

«Die tunesischen Behörden werden sich um uns kümmern», sagt Mouillon, «sie werden unsere Botschaften informieren.»

«Sie werden uns in Lagern festhalten, bevor sie uns gehen lassen», sagt Salima. «Sie überprüfen unsere Identität und so.»

«Gott steht uns bei», sagt Ousmane.

Die Piste ist steinig, sie fordert dem Fahrer höchste Konzentration ab. Kein Schatten. Nichts als Wüste. Dornensträucher. Steine. Die Hitze zerrt an den Nerven, trocknet die Kehlen aus, zersetzt den Stein. In dem Licht verblassen alle Konturen, der Skorpion weiß nicht, wo er sich eingraben soll, der Bussard bleibt mit ausgebreiteten Flügeln und zu stillem Protest geöffnetem Schnabel am Boden, und die Luft ist nichts als Sand, Asche und Staub. Am Horizont flirren die Berge in der überhitzten Atmosphäre, wechseln von blasslila zu blau.

Eine Formation großer Raubvögel überquert den Himmel auf dem Weg nach Süden.

«Sie sind nur auf der Durchreise, sie fliegen nach Afrika», sagt Ventura so leise wie zu sich selbst.

«Wer?»

«Diese Vögel», antwortet er und zeigt mit dem Finger auf sie.

«Bussarde», sagt Chino.

«Nein, man kann sie leicht verwechseln, aber das sind Wespenbussarde, um genau zu sein, ihr Schwanz ist gerader und länger als bei Bussarden und sie sind keine Fleischfresser, sie ernähren sich von Insekten, insbesondere von Wespen, sie sind ganz wild auf Wespen.»

«Ich habe die großen Zugvögel immer beneidet», sagt Doktor Hitchcock. «Keine Grenzen, keine Zollbeamten, keine Visa, kein Einchecken in Flughäfen, keine Feinde außer ein paar Zurückgebliebenen, die sie für Enten halten.»

«Im Gegenzug müssen sie Wespen futtern», bemerkt Mouillon ironisch.

Henri Ventura hört nicht zu, er sieht den Vögeln nach.

«Sie wissen, dass sie das Richtige tun, sie sind sich bewusst, dass sie nützlich sind.»

«Das sind keine Menschen», grunzt Hitchcock und lässt sich gegen die Rücklehne fallen. «Damit sind sie uns gegenüber schon gewaltig im Vorteil.»

Wardia zuckt herablassend mit den Schultern.

«Wie viele waren in dem Auto?», fragt sie an Ventura gewandt.

Die Frage überrascht ihn.

«In welchem Wagen?»

«In dem, der uns angegriffen hat.»

«Was spielt das für eine Rolle?»

«Was heißt hier, was spielt das für eine Rolle?», empört Wardia sich.

«Ja, ich verstehe die Frage nicht.»

«Das waren Menschen in dem Auto, keine Hunde.»

«Aber, aber, Schluss jetzt», protestiert Salima, «er hat uns das Leben gerettet!»

«Das waren Libyer wie ich, und mir dreht sich der Magen um bei dem Gedanken, dass ein Fremder meine Landsleute umbringt.»

«Wäre es besser gewesen, wenn sie uns umgebracht hätten?», braust Sharif auf.

«Denn glauben Sie mir, die hätten nicht lange gefackelt, sie hätten Sie nicht nach Ihrem Pass gefragt, bevor sie Sie umlegen.»

«Was wissen Sie denn schon davon? Das können Sie gar nicht wissen, Sie sind ein Fremder. Was sind Sie überhaupt, Ägypter?»

«Was geht Sie das an?»

«Ich bin Libyerin, wie sie», fährt Salima dazwischen und zeigt mit dem Finger auf Wardia, «aber vor allem bin ich am Leben, und wenn ich am Leben bin, dann verdanke ich das ihm.»

Sie tippt Ventura mit dem Finger auf die Brust.

«Dieser Krieg ist gerecht», sagt Chino. «Jeder Krieg,

der die Diktatur durch die Demokratie ersetzt, ist ein gerechter Krieg.»

«Ein gerechter Krieg mit Hunderten von nicht zu rechtfertigenden Toten», sagt Wardia. «Jeder Mensch, den wir umbringen, ist eine Beleidigung Gottes, denn Gott allein entscheidet über Leben und Tod.»

Doktor Hitchcock lacht höhnisch.

«Gott ist das scheißegal, Sie Ärmste. Er versteckt sich, glauben Sie mir, es ist nicht seine Art, seine Nase in unsere Angelegenheiten zu stecken. Er hat jede Verbindung unterbrochen, Madame. Kein Signal mehr, kein Freizeichen, unbekannt verzogen. Also sollten Sie sich besser keine Gedanken darüber machen, was gerecht ist und was nicht. Der Große Bärtige lacht sich kaputt über diesen Krieg, was letzten Endes ein Punkt für ihn sein könnte. Das würde beweisen, dass er nicht so dämlich ist, wie allgemein behauptet.»

«Sie sollten sich schämen.»

«Ich, der nie jemanden umgebracht hat, kann Ihnen sagen, dass ich verdammt froh bin, dass Sie es an meiner Stelle getan haben, und es spielt keine Rolle, wie viele es waren», sagt Sharif und hält Venturas Blick fest.

«Es war eine 30-mm-Kanone», sagte dieser, «und ich konnte die Granaten abgehen sehen, so wie ich Sie sehe, mitten in der Nacht.»

«Pardon?»

HENRI VENTURA

Die Explosionen erhellen die Nacht rund um das Flugzeug ähnlich farbiger Blumengebilde von Thanatos. Unter dem Helm sind die Detonationen gedämpft. Mir ist, als sähe ich einen Stummfilm auf einer breiten, schwarzen Leinwand, auf der die Sternbilder einem Feuerwerk gewichen wären. Dennoch sage ich mir, dass die Erde da unten sich in ihrem Rhythmus weiterdreht, dass Paare sich lieben, dass eine trauernde Frau um ein Kind weint, dass ein Mann von im Seewind knatternden Segeln träumt, dass brave Schüler unisono stockend eine Fabel über einen alten Löwen von La Fontaine herunterleiern, dass lachende Frauen im Sonnenschein feuchte Laken auf einen Fels an einem Flussufer schlagen, dass Männer von immenser Weisheit schweigend essen und rülpsen. Und ich denke mir, wenn sie nichts von alledem tun, dann beleidigen sie einander, betrügen sich, foltern, verletzen, töten, reißen sich in Stücke und erfinden immer perfektioniertere Maschinen, um sich auf rein wissenschaftliche Art zu zerstören. Nach ihnen werden nur noch die Berge, Wüsten und Flüsse übrigbleiben.

«Du bist ein Arschloch», habe ich Charlie angeschnauzt.

«Ich hab sie vor dir geliebt», hat er erwidert. «Du bist

es, der sie mir weggeschnappt hat, weißt du nicht mehr?»

Doch, ich erinnere mich. Er hatte sie sitzenlassen, sie weinte, ich habe sie getröstet.

«Es bringt nichts, sich die Vergangenheit um die Ohren zu schlagen.»

«Wäre es dir lieber, wenn ich dir die Fresse poliere?»

«Es wäre mir lieber, wenn du dich daran erinnern würdest, dass wir beide in Lolita verliebt waren, und dass ich gemerkt hab, wie schlecht es dir ging, als sie sich für mich entschieden hat, so dass ich mich selbst schlecht gefühlt hab und mich ihr gegenüber absichtlich wie ein Arschloch benommen hab, damit sie zu dir geht und dich glücklich macht, du Blödmann. Du hast überhaupt nichts kapiert!»

«Ich werde dich umbringen. Begreifst du nicht, dass ich dich umbringen werde?»

«Aber ich konnte nicht, verdammt! Das ist die nackte Wahrheit, ich konnte nicht ohne sie leben, ich habe es nicht ertragen, als ich von eurer Heirat gehört hab… Ich verlasse die Armee, Henri, ich verlasse die Armee, damit ich Lolita nie wieder verlassen muss…»

«Ich werde dich umbringen.»

Ich drücke den Steuerknüppel nach rechts unten. Das Flugzeug gleitet mit dem Tragflügel, die Sicht ist außergewöhnlich gut. Ich kann die 30-mm-Kanone auf dem Panzer AMX erkennen, die auf uns feuert. Ich halte im Sturzflug direkt darauf zu. Charlie brüllt ins Mikro, dass das Selbstmord ist, dass ich völlig durchgeknallt bin. Ja, ich bin durchgeknallt, ich weiß, und wegen wem wohl, sag mir das, wegen wem? Sei nicht blöd, wir können nichts dafür, dass wir uns lieben! Ich löse das höllische Maschinengewehrfeuer aus, als eine heftige Erschütterung das Cockpit ins Wanken bringt. «Das linke Triebwerk brennt!», schreit Charlie. Ich drehe den Kopf. Eine Feuersäule züngelt in die Nacht. Die Nadel der Benzinuhr spielt verrückt. Jetzt schreie ich: «Tank getroffen!» Das Kerosin läuft raus wie aus einem offenen Wasserhahn. «Das hast du absichtlich gemacht!», brüllt er mit tränenerstickter Stimme. «Du willst dich an mir rächen, aber du tötest Lolita!» Das Flugzeug wird durchgeschüttelt wie ein Shaker in den Händen eines epileptischen Barkeepers, der Lärm ist entsetzlich, die Explosion unvermeidlich. Ich befehle: «Ejection!» Ich ziehe an dem Ringanker des Schleudersitzes. Das Glasdach wird entfernt. Ich werde mit meinem Sitz von dem Raketenantrieb hinausgeschleudert. Die Dichte der Luft schlägt mir ins Gesicht, gegen die Schläfen, ich entferne mich schnell von dem Flugzeug und erkenne Charlies Fallschirm weiter weg, weiter unten. Charles Wiltz, mein Waffenbruder, geboren wie ich in Marseille, Bouches-du-Rhône, Frankreich. Dieselbe Gesamtschule, derselbe Sportclub, dieselbe Universität, dieselben Liebschaften, gemeinsam die Jagdfliegerschule in Tours abgeschlossen, immer noch zusammen als Auszubildende in der US Air Force und im selben Jahr die Qualifikation als Jagdflieger am Luftstützpunkt von Nellis AFB in Nevada erhalten, ehe wir in der Jagdfliegereinheit 1/7 Provence eingesetzt wurden. Wir haben im Irak und in Afghanistan gekämpft, bevor wir uns über Libyen wiedergetroffen haben. «Die Zwillinge» wurden wir vor meiner Heirat mit Lolita, unserer Freundin aus Kindertagen, genannt. Charlie ist Junggeselle geblieben. Ein Ruck, der Sitz wird abgestoßen, der Fallschirm öffnet sich über meinem Kopf. Ein plötzlicher Stillstand, eine Kapriole und ich bewege mich sanft hin und her. Eine glühend heiße Druckwelle wirft mich zurück, mein Trommelfell vibriert, die Trümmer des Jagdbombers fliegen in Zeitlupe um mich herum. Die Rafale ist nur noch ein Feuerball, der immer schneller herabstürzt. Charlies Fallschirm ist in der Nacht verschwunden. Charlie, der mir am Vortag weinend gestanden hatte, dass er Lolita immer geliebt hatte, dass er sie körperlich liebte – pardon, pardon, Henri –, dass Lolita ihn ebenfalls liebte und sich scheiden lassen wollte. Ich habe mich geweigert, das zu glauben. Nicht du, nein, nicht du, nicht das. Ich habe Lolita angerufen – pardon, pardon, Henri – und der Himmel ist mir auf den Kopf gefallen. Erniedrigt, doppelt betrogen, unfähig, ein Wort herauszubringen habe ich meinen Ehering abgezogen und ihn Charlie vor die Füße geworfen. Heb ihn auf, ihn und alles, was dazugehört.

Der Boden kommt näher. Unten herrscht Bewegung, bewaffnete Männer. Kugeln pfeifen. Ich rechne jeden Moment mit der tödlichen Salve. Ich denke an meinen Vater, einen Bäcker italienischer Herkunft, getötet von zwei Bastarden wegen ein paar Sous in seiner Kasse. Ich bin traurig, als ich an den Kummer denke, den ich meiner Mutter machen werde. Ich bin ihr einziger Sohn, und sie wird sich nicht damit trösten können, mit Lolita über mich zu sprechen, weil Lolita mich nicht liebt, mich nie geliebt hat. Eine Salve rattert. Noch eine. Noch bin ich nicht dran. Charlie? Wann bin ich dran? Ich falle schwer auf die Erde, laufe einige Meter hinter dem Fallschirm her, bevor ich umzingelt werde, geschlagen, bedroht, vor Gericht gestellt, zum Tode verurteilt. Das Ganze in weniger als einer Stunde erledigt. Das selbsternannte Gericht Gottes.

Ein schwankender Kleintransporter bringt mich zur Schlachtbank. Sie haben meine Fußknöchel losgebunden, damit ich hinten einsteigen kann, unter die Plane. Hinter mir stoße ich an ein messerscharfes Stück Schrott, ich durchtrenne die Seile, die meine Handgelenke fesseln. Ein Verkehrsstau. Ein Fausthieb gegen meinen Aufpasser, ich entreiße ihm das Gewehr, schlage ihm den Gewehrkolben ins Gesicht. Ich springe.

Es ist dunkel. Ich weiß nicht, wo ich bin, außer dass ich in der Uniform eines Jagdfliegers in einer fremden Stadt bin, die nur so von feindlichen Soldaten wimmelt, und deren Sprache nicht verstehe. Genauso leicht auszumachen wie ein nackter Mann in einem Nonnenkloster.

Als ich mich hinter Mülltonnen verberge, um einer Gruppe Slogans brüllender und Fahnen schwenkender Demonstranten zu entgehen, werde ich durch unverschämtes Glück von einem Libyer aufgesammelt, der mich unter Gefahr seines eigenen Lebens in einem wegen der Bombenangriffe geschlossenen Museum versteckt. Ich weiß nichts von dem Mann, außer dass er französisch spricht, dass seine Verlobte Izza heißt und anbetungswürdig ist.

Sie geben mir zu essen, beschaffen mir zivile Kleidung und betrachten mich als Retter ihres Vaterlandes.

Ich habe Charlie umgebracht.

3

Ohne auf das geringste natürliche Hindernis zu treffen, tobt der Wind heftig und wirbelt eine Windhose aus Staub und Sand vor sich auf, die die Sonne verdeckt.

Die Straßen sind voller Schlaglöcher, die Gullys weit offen, Masten sind umgeknickt, die elektrischen Leitungen schlängeln sich am Boden. Streunende Hunde schlecken das faulige Wasser, schnuppern an den Leichen und wimmern wie Menschen auf der Suche nach Angehörigen nach einem Erdbeben. Die Häuserfassaden sind von Einschüssen durchsiebt, die Fenster haben keine Scheiben mehr, die Türen sind aufgebrochen, die Bäume zerfetzt. Die Kämpfer liegen so, wie der Tod sie niedergemäht hat, von Fliegen umsurrt um die von Sandsäcken geschützten Unterstände herum.

Auf dem Rad-Panzerfahrzeug, das langsam in die Außenbezirke von Ar-Rahibat vordringt, steht der Einsatzleiter Hajj Ahmet, Kommandant des 28. Panzergrenadier-Bataillons, klammert sich mit der rechten Hand an der Windschutzscheibe fest und betrachtet verdrossen die Ruinen des Städtchens, die sie nach zwei Tagen erbitterter Kämpfe von den Rebellen zurückerobert haben.

Er ist Berufssoldat, ausgebildet in Großbritannien, wo er studiert hat, zunächst Philosophie an der University of Wales, dann Militärwissenschaften an der Royal Military

Academy Sandhurst in Surrey. Nach seiner Rückkehr nach Libyen mit knapp achtundzwanzig Jahren hätten ihm alle Türen offen gestanden, wäre die Armee seines Landes ein homogenes Korps gewesen. Aber sie war vergiftet durch die ethnischen Spaltungen und die zügellose Korruption, welche der *Pourriture* nach Belieben betrieb, paranoisch und misstrauisch all jenen gegenüber, die sich mit guten Zukunftsaussichten brüsten konnten. Junge berberische Offiziere, wie er aus ausländischen Militärschulen hervorgegangen, waren verhaftet, vor Gericht gestellt – angeklagt wegen völlig aus der Luft gegriffener Komplotte – und zu schweren Gefängnisstrafen verurteilt worden. Er selbst war Schikanen ausgesetzt gewesen, nur zur Warnung. Er hatte gerade geheiratet, als bei ihm eine Haussuchung durchgeführt, er verhaftet, auf den gestampften Boden eines Kerkers geworfen und zwei Wochen später ohne ein Wort der Erklärung wieder freigelassen wurde.

Mit grimmiger Miene betrachtet er die wiedereroberte Stadt. Dennoch lässt er sich nicht täuschen. Er weiß, dass das Spiel verloren ist.

Er hat schon vor langer Zeit begriffen, dass die Sache, die er verteidigt, schlecht ist, aber er kann nicht anders als sie zu verteidigen. Er ist dafür programmiert worden, er hat sehr rigorose Techniken gelernt, und seine philosophischen Kenntnisse sind zu rudimentär, um das Spektrum der direkt mit aktuellen Fragen verbundenen Probleme von dieser Seite anzugehen. Man hat ihm nicht beigebracht, was Freiheit ist, man hat ihm beigebracht, die Hacken zusammenzuschlagen und blind zu gehorchen. Er ist ein Soldat mit der Psyche eines Soldaten.

Die Körper seiner Landsleute, welche die Straßen der Ballungsgebiete pflastern, haben ihre Freiheit in der Revolte erlangt, während er Gefangener seiner militärischen Ausbildung bleibt und immer bleiben wird. Er weiß, dass der Sieg, den er errungenen hat, ein letztes Ehrengefecht ohne Ehre war, und er leidet darunter. Aus diesen Gründen hat er sich exponiert, ohne sich über die Gefahr während dieser beiden Kampftage Sorgen zu machen. Er ist Risiken eingegangen, die er in anderen Kriegen selbst als schwachsinnig bezeichnet hätte. Das war jedoch weder Tapferkeit noch ein Ansporn, wie seine Männer, die ihn vergöttern, glauben, sondern der ausdrückliche Wunsch, als Soldat zu sterben, um nicht mehr gehorchen zu müssen. Die Kriegsgötter, die nicht gezögert hatten, ihm Damia zu nehmen, wollten ihn nicht. Sie haben ihn verflucht.

Verflucht seien sie selbst.

Die Götter lieben die Tragödie zu sehr.

Sie lieben die Fernsehserien, in denen Mütter weinen, unterernährte Kinder aufgeblähte Bäuche haben, und Männer durch die Hand von Männern sterben, woraufhin sie emotional wohlgesättigt einschlafen.

Kommandant Hajj Ahmet gibt Order, das Panzerfahrzeug auf dem Hauptplatz im Stadtzentrum zu parken.

Die drei folgenden Panzer halten ebenfalls an.

Dann kommen die mit Raketenwerfern ausgestatteten Fahrzeuge.

Ermattet springen die Männer aus den Planwagen, noch bevor die Seitenwände heruntergeklappt sind. Die Offiziere haben ihre liebe Mühe, sie in Reih und Glied zu kriegen. Einige haben sich sofort erschöpft auf den Boden gelegt, den Kopf auf einem Gepäckstück oder dem Körper eines toten Kameraden. Diejenigen, die die Verwundeten auf Tragbahren tragen, setzen sie ab, fallen auf die Knie, lassen sich dann auf den Boden fallen. Fast alle sind Söldner aus Nachbarregionen – dem Tschad, dem Sudan, Niger, Äthiopien – vertrieben vom Hunger und von ethnischen Massakern. Der Platz ist verlassen, die Bevölkerung verkriecht sich, niemand ist gekommen, um den Siegern zuzujubeln. Das Minarett der wie durch ein Wunder unversehrten Moschee ragt stolz empor, während die alte Karawanserei, die ehemals mit Stoffen, Sklaven, Kräutern und schwerem Parfum beladene Karawanen empfing, ihre Umfassungsmauer verloren hat. Das Firmenschild des Hotels, das jahrzehntelang seinen Platz einnahm, liegt halb zerbrochen auf dem Boden im Schutt. *Hôtel de l'Amitié* kann man noch entziffern. Der öffentliche Brunnen ist zerstört, das Wasser läuft über die beschädigten Bodenplatten. Gegenüber trägt das grässliche Gebäude der Stadtverwaltung immer noch die rot-grün-schwarze Fahne der Rebellion zur Schau, die die Aufständischen in der Eile nicht mitnehmen konnten.

Kommandant Hajj Ahmet steigt aus seinem Fahrzeug, gibt einige Befehle, um die Verteidigung des Städtchens zu sichern, betrachtet einen Augenblick die bröckelnde Fassade des Hotels und geht darauf zu, allein. Verlottert, verdreckt, die Mütze schief und über der Stirn hochgezogen, das Messer im Gürtel, den Revolver unten am Oberschenkel, den Mantel aus Ziegenleder über die Schultern geworfen, so dass er gegen die Waden schlägt, sieht er mehr aus wie ein Bandenchef als ein Kommandant einer regulären Armee.

Er steigt über einen Mann, der auf den Rücken gefallen ist, der Körper durchsiebt, die Arme ausgebreitet, der Kopf nach hinten geworfen, die Augenhöhlen dunkle Tümpel, in denen der Blick ersäuft, aus dem weit aufgerissenen Mund ragen von Larven wimmelnde Zähne hervor.

Er geht müden Schrittes weiter, gleichgültig den Verwundeten gegenüber, die über die Erde einer Art Terrasse verstreut liegen. Einige sind in eine schattige Ecke gekrochen, andere haben eine kleine Mauer gefunden, gegen die sie sich lehnen, während sie auf den Tod warten. Er weiß, dass sie verdammt sind. «Keine Gefangenen» lauten die Befehle des *Pourriture.* Was sollte er auch mit ihnen anfangen, ohne Arzt oder Sanitäter, ohne Krankenstation, ohne Zelt, um sie unterzubringen? Ein Mann stöhnt, als er versucht, mit blutverschmierten Händen seinen offenen Bauch zu schließen, aus dem ein Schwall von Gedärmen, blutiges Gewebe, Ströme von Exkrementen entweichen.

Der Kommandant bleibt vor ihm stehen, mustert ihn einen Augenblick. Er denkt, dass dieser Mann noch vor einigen Tagen oder Wochen mit seiner Frau gesprochen, seiner Mutter geholfen, in der Konditorei an der Ecke einen Kuchen für seine Tochter gekauft hat, von seinen Nachbarn gegrüßt.

Der Sterbende sieht ihn flehend an.

Hajj Ahmet nickt seinem Offiziersburschen zu, der ihm in einigem Abstand folgt, und geht weiter.

Das Paar, das ihn auf der Schwelle des Hotels empfängt, ist verängstigt. Der Mann schwitzt, er scheint nur aus Fleisch, Schweiß und Wasser zu bestehen. Ein Tuch um den Kopf gewickelt, den Tränen nahe, zwingt die Frau sich zu einem Lächeln. Der Mann stellt sich vor, er heißt Moukhtar. Sie Almaz. Ihre Haut ist weiß, ihre Haare sind von der natürlichen Blondheit der Tscherkessinnen, die in diesem Land Zuflucht gesucht haben, als sie vor mehreren Jahrzehnten durch die russische Expansion aus ihrer Heimat vertrieben wurden. Das Kopftuch auf ihrem Haar ist rumänisch.

«Ich will ein Zimmer», sagt Ahmet. «Ein großes, wo ich Platz zum Arbeiten habe.»

Ein Knall lässt Almaz zusammenfahren.

Der Offiziersbursche hat dem Verwundeten den Gnadenschuss gegeben.

Moukhtar verbeugt sich ehrerbietig.

«Das im ersten Stock ist von den Bomben verschont geblieben», sagt er eilig. «Es sind nur die Fensterscheiben, die…»

«Wir werden sie durch Kartons ersetzen», fährt Almaz rasch fort. «Etwas anderes haben wir nicht.»

«Nicht nötig. Es wird nachts nicht kalt.»

«Das ist ein sehr schönes Zimmer», fährt Moukhtar fort. «Ich bin sicher, Sie werden zufrieden sein, General.»

«Kommandant.»

«Der Preis…»

Der Kommandant unterbricht ihn mit einer Handbewegung.

«Der Preis spielt keine Rolle. Wir bezahlen nicht. Von der Armee beschlagnahmt.»

Moukhtar zittert, sein Blut pocht. Seine Frau stößt ihn mit dem Ellbogen, um ihn an mehr Diplomatie zu erinnern.

«Wir sind ja so froh, Sie wieder zu sehen, Sie und ihre Männer, Kommandant, wir haben ja so gelitten…»

«Gelitten», echot ihr Mann.

«Mein Bursche wird sich um meine Koffer kümmern», unterbricht Hajj Ahmet und schiebt sie genervt beiseite. «Zeigen Sie mir das Zimmer.»

4

Das Autoradio ist auf einen libyschen Sender eingestellt. Die Propaganda verbreitet ihre Litanei von Lügen über den Ursprung des Aufstands. Dem Moderator zufolge sind die Rebellen Schurken, die vom Ausland mit Waffen versorgt werden, um das Land auszuplündern – von Partisanen der Al-Kaida, Amerikanern, Franzosen oder islamistischen Fundamentalisten. Die Nachrichten werden durch Kriegshymnen unterbrochen, die die Heldentaten des *Pourriture* anpreisen, der nur einen einzigen Krieg geführt hat, und der hat mit einer Niederlage geendet, erinnert Mouillon, der sich für die Geschichte zu interessieren scheint. Libyen hat den Tschad angegriffen, um ihm ein Stück Land wegzunehmen, den Aouzou-Streifen. Die Tschader haben zurückgeschlagen. Auflösung der libyschen Armee. Eingeschüchtert hat der *Pourriture* eilig ein Waffenstillstandsabkommen mit dem Tschad unterschrieben und ihm das annektierte Gebiet zurückgegeben. Flucht nach vorn. Trotz Mouillons detaillierter Ausführungen langweilen die Insassen des Land Cruisers sich, schlafen oder dösen vor sich hin. Um sie herum herrscht die Eintönigkeit einer ebenen, steinigen Weite. Hin und wieder taucht flüchtig ein sandfarbener Vogel auf und lenkt sie ab. «Die Vögel des Juden»*, sagt Chino ohne weitere Erklärung zu Ventura, der die Herkunft des Namens zu verstehen sucht. Ab und zu begegnet ihnen eine Kamelkoppel, ein alter Wachturm, ein Tamarisken-Gehölz, Salzspuren auf der Piste oder auch eine Quelle frischen Wassers, das aus einem von Farnen und anderem Wildkraut umwucherten Felsen tropft, angereichert durch Kamelurin und -haufen.

Plötzlich verlässt die Piste die Ebene. Sie ändert ihr Erscheinungsbild, klettert am Rande schwindelerregender Gipfel an einer Bergwand hinauf. Ein Mufflon stiebt davon und löst eine Steinlawine aus. Wardia besteht darauf, dass die Fenster geöffnet werden, weil die Klimaanlage ihr Husten verursacht. Sogleich dringt das Surren der Reifen auf der trocknen Erde in den Wagen. Ventura, der auf der Talseite sitzt, wird sich klar über die unendliche Weite und Trostlosigkeit der Ebene, die sie soeben durchquert haben. Ein Lämmergeier fliegt knapp über der Felswand und umspannt den ganzen Himmel mit seinen ausgebreiteten Flügeln.

Der Wagen kriecht im Schneckentempo, überquert einen Pass, markiert durch eine von automatischen Waffen durchlöcherte kleine Mauer aus gekalktem Lehm, und gelangt in eine andersartige Landschaft, genauso trocken wie die andere, aber weniger trostlos und mit dem Versprechen von Leben wenigstens im Tal. Das steinige Bett eines von Palmen gesäumten Wadi schlängelt sich durch einen engen Cañon. Nach einer Reihe von Serpen-

---

* Gemeint ist die Atlasgrasmücke *(Anm. d. Übers.)*.

tinen, die ihnen die Mägen umgedreht haben, erreichen sie das Tal und beschließen, eine Erfrischungspause einzulegen. Das Gras auf den Hängen ist zart, wimmelt aber von Insekten. Einige nutzen die Gelegenheit, um sich diskret zurückzuziehen und dringenden Bedürfnissen nachzukommen.

Chino springt bei laufendem Motor aus dem Land Cruiser. Er geht um den Wagen herum und inspiziert den Schaden, den die Schießerei angerichtet hat. Im Rückfenster hängen noch einige Glassplitter, die er vorsichtshalber mit der Hand entfernt. Das auf die Heckklappe montierte Ersatzrad ist hinüber, man kann den Einschlag erkennen. Ein großes Kaliber. Ein Reifen hinten rechts scheint Luft zu verlieren. Er tritt mit der Fußspitze dagegen, um sicherzugehen.

«Er hat die Hälfte seines Drucks verloren», sagt er zu Ventura, der zu ihm tritt.

Der Pilot bückt sich. In dem Gummi steckt ein Schrapnell. Er reißt ein Streichholz an und hält die Flamme daran. Sie züngelt auf.

«Er ist bald platt.»

«Wir müssen in Tiji anhalten», sagt Chino und setzt seine Überprüfung wieder fort.

«Wieviel Kilometer sind das noch?»

«Wir haben gerade Shakshik passiert… Etwa fünfzig Kilometer.»

«Ist das ein großes Kaff?»

«Tiji? Nein, aber dort ist eine Autowerkstatt.»

Chino hebt die Motorhaube hoch. Der Motor hat nicht gelitten, kein Element ist getroffen. Er lässt die Motorhaube wieder runter.

«Die ist gut für die Reparatur ausgerüstet», fügt Chino hinzu.

«Ist die Frontlinie weiter im Norden?»

«Ich hoffe es.»

«Bist du sicher, dass das Kaff befreit ist?»

Chino zuckt fatalistisch mit den Schultern.

«Es ist befreit worden, aber vielleicht ist es seitdem wieder eingenommen worden. Das weiß Gott allein.»

«Kommt im Radio nichts darüber?»

«Im Radio läuft nur Schwachsinn. Sei froh, dass du die Sprache nicht kannst.»

Ventura zieht den Revolver aus seinem Gürtel.

«Deine Knarre», sagt er und hält ihn am Lauf.

Kopfschütteln.

«Behalt ihn. Du bist ein Profi.»

Er kehrt ihm den Rücken zu, klettert in den Wagen, setzt sich ans Steuer.

«Ein Champion», fügt er hinzu.

«Ich hatte Glück, weiter nichts», erwidert Henri und nimmt seinen Platz neben Salima wieder ein.

«An so was glaube ich nicht.»

«Sagen wir, dass Gott ausnahmsweise mal auf der richtigen Seite gestanden hat.»

«Nein, der fette Arzt hat recht, wenn er sagt, dass Gott unsere Geschichten scheißegal sind. Er spielt irgendwo da oben Karten, er gibt sich selbst die besten und nimmt das einfache Volk aus wie alle Diktatoren.»

«Ich wusste ja gar nicht, dass du Atheist bist.»

«Glaubst du etwa, dass alle Araber religiös sind?»

«Nun mach, fahr schon, statt Fragen zu stellen.»

«Einsteigen!», ruft Chino.

Henri Ventura lehnt sich auf der Sitzbank zurück, steckt sich eine Zigarette zwischen die Lippen, bietet seiner Nachbarin eine an und zündet sie alle beide mit derselben Flamme an.

«Danke», sagt Salima und bläst den Rauch durch ihre zusammengekniffenen Lippen. «Chino hat recht, Sie sind ein Profi oder ein Soldat, ich kenne diese Sorte Männer.»

5

Schneller Sonnenuntergang. Roter Ball, immer größer, immer roter über ausgedehnten gelben Bergkuppen, die sich krümmen und dann nach der Straßenbiegung in Nichts auflösen. Glutrot gefärbte Wolken, lang und schlank wie die Blätter des Eukalyptus, der in den grünen Tälern des Djebel Akhdar wächst.

«Ihr solltet nicht rauchen», sagt Sharif und wedelt sich mit der Hand Luft zu, «wir haben eine schwangere Frau bei uns.»

Er fragt sich, zu welchem Zeitpunkt er sich hatte reinlegen lassen, um wie ein Idiot auf dem mittleren Sitz zu landen, zwischen diesem Mouillon, der ihm mit seinen Belehrungen in alter Geschichte auf die Nerven geht, und diesem Doktor Hitchcock, der den ganzen Platz einnimmt und nicht aufhört zu paffen.

«Uns egal», brummt Hitchcock und zieht an seiner Zigarette.

Wardia dreht sich heftig um und wirft ihm einen finsteren Blick zu.

«Wir brauchen die Qualmerei doch nur so zu regeln, dass wir der Reihe nach rauchen und jeder währenddessen ein Fenster öffnet», schlägt Ventura vor.

«Ich rauche, wenn mir danach ist», entgegnet der Doktor und stößt ostentativ eine Rauchfahne aus.

«Denken Sie doch nur einmal an die anderen», sagt Salima.

«Ich denke dauernd an sie, Mademoiselle, und je öfter ich an sie denke, desto mehr kotzen sie mich an. Sehen Sie sich das an… (er zeigt auf seine Zigarettenschachtel, auf der eine vom Krebs zerfressene Lunge unter dem Kamel von Camel abgebildet ist). Weil wir an die anderen denken, haben wir bald von Leberzirrhose befallene Lebern auf den Bordeauxflaschen, wir werden Bilder von zermatschten Körpern auf unseren Wagentüren haben, weil wir an die anderen denken, werden wir den AIDS-Virus auf den Hintern unserer Liebsten tätowiert haben. Und warum? Weil die Politiker uns Angst einjagen, damit wir sie anflehen, uns zu beschützen. Sie impfen uns die Angst vor der Arbeitslosigkeit ein, die Angst vor dem, was auf unseren Tellern ist, die Angst vor morgen, die Angst vorm Nachbarn, die Angst vor der Fremde, die Angst vorm Sex, die Angst vor der Grippe, ob nun die Spanische Grippe, die Vogelgrippe oder die Mexikanische, solange sie nur von woanders herkommt. Und vor allem jagen sie uns Angst vorm Araber ein. Und wenn es vorkommt, dass wir uns freuen zu sehen, wie ein Volk wie das Ihre, Mademoiselle, sich von seinem Diktator befreit, wie ihr es gerade auf bewundernswerte Weise tut, schwenken sie die Fahne der Angst vor massiver Auswanderung und schreien laut und deutlich, dass ihr bei uns nichts zu suchen habt, weil ihr ja bald die Demokratie haben werdet – dank denen. Was für eine schöne Zivilisation wir doch haben, die ihren Kindern Angst macht und ohne Ende Waffen verkauft, auf denen sie vergessen haben anzugeben, dass ihr Gebrauch tödlich ist.»

Er öffnet ein Fenster, wirft seine Kippe hinaus, steckt sich eine neue Zigarette an und grummelt undeutlich etwas über Angst, politisch korrekt und leck mich am Arsch.

«Ungehobelter Mensch», sagt Wardia und zieht ein Stück von dem Kopftuch, das ihre Haare bedeckt, über Nase und Mund. «Aber warten Sie nur, ich kann auch ungehobelt sein.»

«Weil wir an die anderen denken, können wir nicht mehr rauchen, wir können nicht mehr trinken oder nur mäßig! Mäßigung, ja damit wollen sie uns zügeln! Nicht mehr sagen, was wir denken, nicht mehr die Wahrheit schreiben, sonst heißt es gleich Verleumdung, kein Aufsehen mehr erregen, keinen Spaß mehr haben! Eben weil wir an die anderen denken, bleibt uns nur der Krieg. So ein Blödsinn!»

«Lassen Sie uns in Frieden», sagt Mouillon. «Sie reden einen Haufen Scheiß daher, Doktor.»

«Ich geh' Ihnen auf die Nerven.»

Henri Ventura macht sein Fenster weit auf, der Wind facht die Glut seiner Kippe an, als er sie hinauswirft.

Wortlos reicht Salima ihm ihre Kippe. Er wirft sie ebenfalls hinaus, schließt das Fenster wieder.

Bei der außergewöhnlichen Begegnung mit einer Herde großer Gazellen bricht die junge Frau in Freudenrufe aus. Als das Auto sich nähert, stieben sie in einem Satz und unter Vollführung außerordentlicher Sprünge davon.

«Damagazellen», sagt Chino und erklärt Salima, dass diese Gazellen, die schnellsten ihrer Art, bis zu hundert km/h erreichen und dieses Tempo fast fünfzehn Minuten halten können, was sie vor Raubtieren schützt.

«Aber nicht vor einer Gewehrkugel», gibt Chino zu. «Es gibt nur noch sehr wenige davon.»

Salima sieht ihnen nach, zieht eine Tube Feuchtigkeitssalbe aus ihrer Tasche, trägt sie auf ihre Lippen auf und beobachtet den Piloten.

«Wir fragen uns alle, wer Sie eigentlich sind», sagt sie und reibt ihre Lippen aufeinander, um die Salbe zu verteilen.

«Das sollten Sie nicht», sagt der Pilot und wirft der jungen Frau einen Blick zu.

«Ich bin neugierig, das ist eine Schwäche des weiblichen Geschlechts, seien Sie mir nicht böse, also hake ich nach, ich bin lästig. Sind Sie verheiratet?»

Aufdringlich, in der Tat. Er hat auf einmal das Gefühl, dass er einen lästigen Kloß im Hals hat, der dort aufgeht, eine Art Schwamm, der jedes Mal anschwillt, wenn er runterschluckt, um zu sprechen. Soll er lügen? Lolita wollte ihn verlassen, um mit Charlie zu leben, aber was wird sie tun, jetzt wo Charlie tot ist? Wird sie bei ihm bleiben? Und er selbst, will er sie überhaupt noch?»

«Nein», antwortet er und räuspert sich.

«Aber Sie waren es.»

«Wie kommen Sie darauf?»

«Sie haben einen Streifen von einem Ehering am Finger.»

Er betrachtet seine Hand. Ein weißer Streifen läuft um

seinen Ringfinger, bildet einen Kontrast zu seiner gebräunten Haut.

«Sie… Meine Frau ist tot», sagt er und verstrickt sich in die Lüge.

«Ah… Das geschieht mir recht… Ich bin wirklich lästig, entschuldigen Sie.»

Sie schweigt, schaut ihn weiter regungslos an. Sie mustern sich fast eine Minute lang.

«Sie sind mein Held», sagt sie schließlich und wendet den Kopf ab.

Er lächelt und legt einen Finger auf ihre Lippen wie bei einem Kind, damit es nichts Dummes sagt.

Die Reifen auf dem schlechten Asphalt klingen plötzlich anders. Ein anhaltendes Brummen. Ein Reifen verliert Luft. Der Wagen behält seine Geschwindigkeit von fünfzig km/h bei.

«Hoffentlich sind wir bald da», sagt Chino mit schmerzendem Nacken und müden Armen von der Anstrengung, den Land Cruiser auf gerader Strecke zu halten.

«Schaffen wir es nicht bis zur Grenze?», fragt Sharif.

«Wenn Sie mit einem platten Reifen fahren können, überlasse ich Ihnen gern das Lenkrad.»

Sharif zuckt mit den Schultern und will etwas erwidern, als sein Handy klingelt.

«Nicht rangehen», sagt Chino hastig.

«Warum nicht?»

«Tun Sie, was man Ihnen sagt», bekräftigt Ventura.

«Na, na, wer hat denn hier das Sagen?»

«Ich», sagt Chino. «Gehen Sie nicht ran.»

Sharif schaut auf das Display seines Blackberry, der Name seiner Mutter ist angezeigt.

«Das ist meine Mutter, sie macht sich Sorgen um mich», sagt er und will antworten.

«Nein», sagt Ventura und hält seinen Arm zurück, «das ist das Handy Ihrer Mutter, aber nicht unbedingt sie am Ende der Leitung. Ein feiner Unterschied. Wenn sie es ist, wird sie Ihnen eine Nachricht hinterlassen, Sie werden sehen, ob Sie zurückrufen müssen oder nicht.»

«Wollen sie mir etwa vorschreiben, was ich zu tun habe?»

«Denken Sie an die anderen», feixt der Doktor.

Das Klingeln ist hartnäckig.

«Genau», sagt Ventura. «Denken Sie an uns.»

Sharifs Gesichtsausdruck wird brutal. Murrend drückt er auf die Taste «Antworten.»

Ventura schwingt sich über den Sitz, entreißt ihm das Telefon und unterbricht die Verbindung, ohne sich um seine Proteste zu kümmern.

Sharif wirbelt herum und stößt eine Faust aus.

Ventura fährt zurück, weicht dem Schlag aus, packt den Arm und biegt ihn fast bis zum Zerbrechen – aua! – bevor er loslässt.

Fluchend verliert Sharif das Gleichgewicht, fällt zwischen den Sitz und die Rücklehne des Vordersitzes. Er versucht sich festzuhalten, erwischt blind die falsche Vuitton Tasche und reißt sie in seinem Fall mit. Die Tasche geht auf, Geldscheine fallen heraus.

Bündelweise Dollars und Euros.

Sharif stößt einen verzweifelten Schrei aus. Den Blick von Tränen der Wut verschleiert, die er nicht zurückhalten kann, verrenkt er sich, um die Scheine unter den Sitzen und den Schuhen seiner Nachbarn aufzusammeln. Er zerknautscht sie in der Hand, stopft sie egal wie in die Tasche.

Einen Hundertdollarschein auf den Knien, ist Mouillon wie gelähmt. Er spürt, wie ihm der Schweiß über die Haut läuft, wagt sich nicht zu rühren, um ihn fortzuwischen.

Ousmane reißt die Augen auf, er hat noch nie so viel Geld gesehen. Eine Ader pocht an seinem Hals.

Salima lässt ihre Hand in Venturas gleiten.

Er drückt sie.

Doktor Hitchcock schüttelt den Kopf, ihn scheint das Ganze zu amüsieren.

«Ich freunde mich nicht leicht mit meinen Mitmenschen an», sagt er zu Sharif, «aber Sie werden mir immer sympathischer, ich weiß auch nicht wieso.»

Plötzlich richtet Sharif sich auf, eine Pistole in der Hand.

«Wer meine Kohle anrührt, den knall ich ab!»

Mit vor Angst weit aufgerissenen Augen öffnet Wardia den Mund. Sie bringt keinen Ton hervor.

Mouillon nimmt den Schein, der auf seinen Knien gelandet ist, reicht ihn Sharif.

Sharif reißt ihn ihm aus der Hand.

Er wirft einen eisigen Blick um sich, zieht den Reißverschluss seiner Tasche zu, überprüft den Reißverschluss, stellt fest, dass er schlecht funktioniert, dass er bei der kleinsten Erschütterung aufgeht.

«Da ich Ihnen sympathisch bin, werden Sie mir Ihren Koffer überlassen», sagt er zum Doktor.

«Wenn Sie mir versprechen, meinen Whisky nicht anzurühren.»

Sharif richtet die Pistole auf Chino.

«Anhalten.»

EMMANUEL SHARIF

Die Ethniki Bank ist das größte und bedeutendste griechische Geldinstitut. Sie hat 579 Zweigstellen in Griechenland und 1137 in Übersee, darunter die in Tripolis, wo an diesem Morgen trotz der Ereignisse noch dieser naive Einfaltspinsel Kronakis in seiner Eigenschaft als Börsenmakler schuftete. Ein einfältiger Mensch erster Güte, der das volle Vertrauen seines Direktors Hadjigeorgiou genoss, zum einen wegen seiner zuverlässigen Arbeit, zum anderen, weil dieser Einfaltspinsel seit zwei Jahren mit seiner einzigen Tochter Evangelina verheiratet war, die er anhimmelte, weil sie seiner Mutter in jüngeren Jahren unheimlich ähnlich sah. Seinen Kollegen zufolge, die keine Gelegenheit ausließen, ihn je nach Laune deshalb zu bemitleiden oder sich über ihn lustig zu machen, war sie so hässlich, dass es selbst die talentiertesten Schönheitschirurgen entmutigte.

Das hatte ich alles von Giorgio, dem Barkeeper, erfahren. Wenn Sie ihn nicht kennen, empfehle ich Ihnen, in der Bar des Marriott Hotels einen seiner Cocktails zu trinken, er ist ein Ass im Mixen.

Kronakis Anstellung sicherte ihm ein gutes Gehalt und eine vorgezeichnete Zukunft bis zur Rente, außer dass es bei den pharaonischen Schulden des Landes in Griechenland keine Rente mehr gäbe, auf die er Anspruch hätte – das habe ich ihm jedenfalls in einem der bequemen Sessel der Marriott-Bar erklärt, wo Giorgio ihm für gewöhnlich einen Alexandra-Cocktail nach Art des Hauses zubereitete, dem er etwas Muskatnuss beifügte, was ihn deutlich von denen abhob, die Sie in Europa oder sonst wo auf der Welt trinken können. Ich habe ihm erzählt, dass ich ein ägyptischer Volkswirt sei, und da er der pure Einfaltspinsel ist, hat er mir geglaubt. Der Idiot sagte sich, dass er es mit einem vernünftigen Mann zu tun hätte, so dass ich keine Schwierigkeiten hatte, ihn davon zu überzeugen, sie sofort zu beziehen, seine Rente, während er im besten Alter war und die Tresore seiner Bank voll mit ausländischen Devisen waren.

Nach einigen Tagen hatte er mir sein ganzes Unglück anvertraut. Er hasste seine Frau, die ihn zu Hause peinigte. Er verabscheute seinen Schwiegervater, der ihn bei der Bank von vorn bis hinten schikanierte. Wir haben einen auf dicke Freunde gemacht, er hat mir den Lageplan seines Instituts zugesteckt mit Standort des Direktionsbüros, Standort des Tresors, mit dem Alarmknopf unter der Schublade etc. Unter dem Vorwand einer beträchtlichen Geldanlage habe ich einen Termin bei diesem M. Hadjigeorgiou arrangiert, einem Griechen mit einem dermaßen vorstehenden Bauch, dass er die Spitze seines Schwanzes nie sehen konnte, selbst wenn er einen Ständer kriegte wie ein Hirsch.

Unglücklicherweise hatte die Koalition beschlossen, zu eben dieser Stunde ihren Luftangriff zu starten.

Mochte der Grieche auch eine imposante Figur sein, die Bombe hat ihn auf den Zustand eines Dönerkebabs reduziert, in dem Moment, in dem er unter der Drohung meiner Knarre den Tresor öffnete. Ich weiß nicht, wie ich lebend davongekommen bin. Ein Wunder. Ich war wie betäubt, mit Schutt und Glassplittern bedeckt, aber noch in der Lage, zwischen einem Dollar und einem libyschen Dinar zu unterscheiden. Ich habe die Devisen eingeheimst und die Bank verlassen, ohne Zeit damit zu verlieren, den Verwundeten zu Hilfe zu kommen, unter denen dieser arme Einfaltspinsel Kronakis in den letzten Zügen lag. Er hatte einen Arm verloren und schwenkte seinen Stumpf, aus dem das Blut spritzte, ein Bild des Grauens, nicht geeignet für Kinder unter sechzehn Jahren, wie man im Fernsehen sagt.

Kein Flugzeug mehr, um abzuhauen. Am Vortag hatte ein alter französischer Kahn mit den letzten durch ihre jeweiligen Länder evakuierten Ausländern an Bord abgelegt. Ich konnte mich nicht in der Stadt verkriechen und auf eine Gelegenheit warten. Aber vor allem wollte ich meine Kohle vor den Neidhammeln in Sicherheit bringen, von denen es hier reichlich gab.

Ich stand vor dem Jamahriyya Museum. Das kennen Sie sicher. Ein Aushängeschild verkündete, dass es wegen der Bombenangriffe geschlossen war. Das Gitter stand jedoch offen. Es hat gequietscht, als stünden die Museumswärter mit den Ölkännchen auf Kriegsfuß.

Ich bin in die Gänge vorgedrungen auf der Suche nach einem Plätzchen für meine Tasche. Ich hatte etwas von hohlen Statuen gehört, aber sie waren nicht leicht zu finden. Unter den kleinen befanden sich Köpfe illustrer Männer, von denen ich noch nie gehört hatte, schmeichelhafte Büsten von hochmütig wirkenden Männern, auf Brusthöhe abgeschnitten, aber der Hohlraum war nie groß genug, um meinen Schatz darin zu verstecken.

Die Bilder waren abgehängt worden.

Ich wollte gerade gehen, als ich hinter mir ein Geräusch hörte. Eine Hand legte sich auf meine Schulter, ich spürte den kalten Lauf einer Faustfeuerwaffe im Nacken.

«Umdrehen», hatte jemand gesagt.

Ich gehorchte, ohne die Tasche loszulassen. Der Typ mit der Waffe war Chino, wie ich bald erfahren sollte. Bei ihm war ein Blondschopf, der sich als Diplomat ausgab, aber mehr wie Leutnant Aldo Raine aussah, verkörpert von Brad Pitt in *Inglourious Basterds* von Quentin Tarantino, falls sie diese Filmkomödie gesehen haben. Der Schauspieler erhielt den zweiten Platz in der Kategorie der sexysten Amerikaner, unmittelbar nach George Clooney, dem Frauenanmacher von Nespresso

Außer dass Henri Ventura Englisch mit französischem Akzent sprach.

«Ich bin Auslandskorrespondent», ließ ich fallen.

Die erstbeste Lüge, die mir einfiel.

Muss wohl die Richtige gewesen sein, sie haben mir geglaubt.

6

Am Straßenrand quillt eine schwarze Rauchsäule von imposanter Höhe aus dem Wrack eines Lastwagens hervor. Plötzlich explodiert der Tank und schleudert flammende Speere in alle Richtungen. Einer davon trifft den Wagen, ohne Schaden anzurichten.

Seit einigen Minuten ruckelt der Land Cruiser auf ungewöhnliche und beunruhigende Weise.

«Der Reifen?», fragt Sharif besorgt.

«Das ist Wellblech», sagt Mouillon.

«Nein», sagt Ousmane. «Raupenketten.»

«Das sind Panzerspuren», bestätigt Chino und zeigt auf den Asphalt, in den sich in regelmäßigen Abständen tiefe Rillen von den Panzerketten eingekerbt haben.

«In welche Richtung führen sie?», fragt Mouillon.

«In unsere Richtung.»

«Nach Tiji?»

Chino winkt ab.

«Ich weiß nicht.»

«Wenn sie die Stadt nicht schon wieder eingenommen haben, haben sie sie zumindest angegriffen», sagt Ventura und beugt sich aus dem Autofenster, um die Rillen zu inspizieren.

Er setzt sich, schließt das Fenster wieder.

«Können wir sie nicht umgehen?», fragt Wardia an den Fahrer gewandt mit dieser Furcht im Blick, die sie nie loslässt.

Chino schüttelt verneinend den Kopf.

«Ich muss den Reifen reparieren, und das kostet Zeit», sagt er, «wir müssen uns darauf einstellen, einen Teil der Nacht dort zu verbringen.»

«Mein Gott», scherzt Salima, «hoffentlich gibt es dort eine geöffnete Diskothek», und drückt Henris Hand, die sie in der ihren hält.

«Oder einen irischen Pub», bekräftigt Doktor Hitchcock hustend, weil der scharfe Rauch, der von den Bränden ausgeht, seine Kehle reizt. «Manchmal ertappe ich mich dabei, dass ich von einem feinen kühlen Bier in einem Pub träume, während es draußen regnet und ein großer rothaariger Kerl ein todtrauriges Lied singt, wie die Iren das so gut können, die tagsüber ihre Schafe scheren und dabei todtraurige Lieder singen und abends dunkles Bier zischen und weiter todtraurige Lieder singen.»

«Sind Sie Ire?», fragt Sharif.

«Vergeuden Sie nicht das Kapital an Sympathie, das Gauner wie Sie in mir erwecken», brummt der Doktor, rollt sich auf die Seite und versucht zu schlafen.

Eine dicke schwarze Rauchsäule quillt aus dem Kommandoturm und den Luken eines Panzers hervor. Sie rollt sich um sich selbst und schwillt an, davongetragen von einem Wind, der aus der Wüste kommt. Ab und zu blitzt eine Flamme auf, erstickt jedoch schnell. Die Ketten liegen zerbrochen am Boden. Daneben verbrennen zwei verkohlte Körper vollends.

Am Horizont hält sich gräulicher Rauch, durch Aufblitzen von Artilleriefeuer erleuchtet, die Stille zerrissen von dem durch die Entfernung gedämpften Geschützfeuer.

Mouillon hängt sich aus dem Wagen und schießt eine Reihe Fotos.

Wardia fächelt sich mit einer Zeitschrift Luft zu.

Salima hält sich ein Taschentuch unter die Nase.

Chino stellt das Radio aus, als einer der Söhne des *Pourriture* gerade ansetzt, große Töne zu spucken.

«Sie sind allesamt schlimmer als der Vater», sagt er.

Auf der anderen Straßenseite kommt eine Flüchtlingskolonne in totalem Chaos aus der Richtung von Tiji, ein Strom von Flüchtlingen, die größten Glückspilze in Autos oder auf qualmenden, knatternden, wie Maultiere beladenen Mofas, andere auf mit Matratzen und Kisten schwer beladenen Maultierkarren, wieder andere zu Fuß oder gar mit ihren armseligen Habseligkeiten auf einem Fahrrad festgezurrt, das sie mit der Hand am Lenkrad schieben. Ein alter Mann schiebt einen Einkaufswagen vom Supermarkt mit allem darin, was er besitzt: eine Decke, ein Sack Linsen, ein anderer mit Kichererbsen, ein Wasserbehälter und – unmöglich zu erraten, was er damit an diesem Ort kilometerweit vom Meer entfernt will – ein Surfbrett, dessen Farbe auf fast der ganzen Oberfläche abblättert ist.

Chino steckt den Kopf durch die Fahrertür.

«Was ist los?», fragt er auf berberisch.

«Die Truppen des *Pourriture* haben Tiji wieder eingenommen», ruft ein alter Mann, die Hände trichterförmig an den Mund gelegt.

Chino braucht nicht zu übersetzen, alle haben verstanden.

«Scheiße», sagt Ventura, und diesmal ist er es, der Salimas Hand drückt, um sie zu beruhigen.

Beide Arme an die Brust gepresst umklammert Sharif den Koffer des Doktors, in dem er seinen Schatz verstaut hat.

«Sie werden uns umbringen», sagt Wardia und beißt sich auf die Lippen. «Wir müssen ihnen sagen, dass wir regierungstreu sind.»

«Kopf hoch, Madame», sagt Hitchcock in ironischem Ton zu Wardia. «Sie werden Ihnen nichts tun, diese Leute sind Libyer wie Sie, menschlich also, das haben Sie selbst gesagt.»

Den Kopf über seinen Apparat gesenkt, scrollt Mouillon die Fotos, die er soeben geschossen hat.

«Ich wusste nicht, dass wir Ausländer bei uns haben würden, sonst wäre ich nicht gekommen», sagt Wardia. «Weststaatler, die uns bombardieren, die die Aufständischen finanzieren und ihnen Waffen beschaffen, und du, du hilfst den Ausländern!»

Bei den letzten Worten hat sie sich an Chino gewandt.

Chino, sonst so zurückhaltend, platzt vor Wut.

«Noch ein Wort, und ich halte an und schmeiß dich raus, schwanger oder nicht», brüllt er in ihrer Sprache.

Sie schweigt, schockiert.

Draußen sind die Kampfspuren immer deutlicher zu

erkennen. Ausgebrannte Wracks, geborstene Maschinengewehre, zerfetzte Geschütze. Die Kadaver sind an der Menge der Geier zu erkennen, die über ihnen kreisen und sie den streunenden Hunden streitig machen. Einige liegen auf der Straße, zerrissen von den Granaten, den Zähnen oder Schnäbeln – unmöglich zu sagen.

Die Tiere nehmen vor dem Hupen Reißaus und kehren zurück, kaum ist der Wagen vorüber.

Der rote Ball am Horizont wird flacher, färbt die Wolken glutrot, die unterschiedliche purpurrote Farbschattierungen annehmen. Die ersten Sterne erscheinen wie glitzernde Pailletten.

«Wir können nicht mehr nach Tiji», sagt Chino und folgt einem Schild nach links in eine andere Richtung, «wir nehmen eine andere Piste weiter südlich, sie bringt uns auf jeden Fall nach Naout.»

«Ist das weiter?», fragt Mouillon besorgt.

«Nein, im Gegenteil, aber dafür ist die Piste schwieriger, der Reifen muss bis dahin durchhalten.»

Die Passagiere werden durchgeschüttelt. Chino hat die Scheinwerfer voll aufgedreht, aber in der beginnenden Dunkelheit sind die Schlaglöcher Schattenpfützen, deren Tiefe unmöglich einzuschätzen ist. Unter diesen Verhältnissen verliert der Reifen schneller Luft, der Land Cruiser lässt sich schwerer auf Kurs halten.

Nach etwa zwanzig für Körper und Nerven äußerst anstrengenden Kilometern tauchen hinter einer Biegung die Ruinen einer kleinen Stadt auf. Als sie in dem Dämmerlicht näherkommen, wechseln ihre Farben geheimnisvoll, fremdartig. Die Schatten haben den Farbton von Lavendel.

«Ar-Rahibat», sagt Chino. «Weiter kann ich nicht fahren.»

Eine Fahne flattert auf dem Dach eines Bauwerks.

Als sie näherkommen, stoßen die Passagiere einen enttäuschten Schrei aus. Sie haben die grüne Flagge der Regierung erkannt. Die kleine Stadt ist in der Hand der regulären Truppen.

Unmöglich, umzukehren.

Am Ortseingang taucht eine Militärkontrolle aus einem Säulengang auf.

Chino dreht sich zu Ventura um, der mit einem Kopfnicken signalisiert, dass er verstanden hat.

Der Land Cruiser bremst ab, hält an.

Eine Nagelsperre läuft quer über die Piste.

Die Hand unter der Jacke verborgen, spannt Ventura den Revolver.

«Ziehen Sie Ihren auch hervor», raunt er Sharif zu.

«Ich weiß, was ich zu tun habe.»

«Wir sind auf dem Weg zu einer Hochzeit in Nalout», sagt Chino zu dem Soldaten, der mit einer Stabtaschenlampe in der Hand an die Wagentür kommt, «aber wir sind von einer Rebellenbande überfallen worden, diesen Schweinen.»

«Wo denn?»

«Bei der Ausfahrt aus Shakshüt, gleich hinter dem Krankenhaus.»

«Wie viele waren sie?»

Weitere Soldaten sind herangekommen. Ihre Taschenlampen kontrollieren die Reisenden durch die Fensterscheiben.

«Ein Dutzend, in zwei Pick-ups. Es ist uns gelungen

zu fliehen, aber sie haben uns unter Beschuss genommen, sie haben mir einen Reifen zerschossen und den Ersatzreifen demoliert.»

«Wir werden sie alle umbringen.»

«Möge Gott dir Gehör schenken, Bruder. Kann ich den Reifen hier reparieren?»

«Fahr zum Lager vor der Moschee. Frag nach Farag, er ist unser Mechaniker.»

Mit einem weiten Schwenk seiner Stabtaschenlampe gibt der Soldat Zeichen, die Nagelsperre hochzuheben.

Chino fährt an.

Ein Seufzer der Erleichterung hallt durch den Wagen.

Sharif macht mit zwei Fingern diskret das «V»-Zeichen für Sieg.

Salima nimmt Henris Hand und legt sie auf ihre linke Brust, damit er ihr Herz schlagen hört. «Ich hatte noch nie solche Angst», raunt sie ihm ins Ohr.

«Chino, ich weiß nicht, wie ich es dir sagen soll», stammelt Sharif und beugt sich zu dem Fahrer. «Wir schulden dir unser Leben.»

Durch einen Druck auf den Unterarm ermuntert Salima Henri, an das zu erinnern, was auch er zu ihrer Rettung beigetragen hat

Er dankt ihr mit einem Augenzwinkern und schweigt.

«Was werden Sie tun, wenn wir erstmal in Tunesien sind?», fragt er sie.

Seine Stimme ist nur ein Murmeln.

Sie kommt ganz nah an sein Ohr, er spürt ihren warmen, feuchten Atem.

«Ich weiß nicht», sagt sie, «kämpfen, wenn ich eine

Möglichkeit finde. Weiterkämpfen, um mein Land zu befreien.»

«Ich kann Sie mir nicht als *La Pasionaria* vorstellen.»

«Als Hausfrau vielleicht?»

«Oder auch aktiv, aber nicht fahnenschwenkend.»

«Sie zögern nicht, eine Waffe zu benutzen, und ich soll nicht das Recht haben?»

«Können Sie sie bedienen?»

«Bringen Sie es mir bei.»

Er antwortet nicht. Der Land Cruiser dringt in die geschundene Stadt vor. Die zerstörten Häuser, die zerbombten Gehsteige, die gewaltigen Krater in den Straßen zeugen von der Heftigkeit der Kämpfe, von dem Orkan aus Eisen und Feuer, der auf sie niedergegangen ist. Die Bewohner, die nicht geflohen sind, verkriechen sich, in Angst und Schrecken versetzt, in Kellern. Hunde streunen jaulend durch abschüssige Straßen voller Trümmer.

In dem schwindenden Licht ragt das Minarett der einzigen Moschee aus dem Chaos hervor – unversehrt.

Soldaten der Loyalisten sehen sie misstrauisch vorbeifahren.

«Ich setzte Sie irgendwo ab, bevor ich etwas zu reparieren auftreibe», sagt Chino.

«Da!», ruft Wardia aus und zeigt mit dem Finger auf das Schild des Hôtel de l'Amitié, das am Boden liegt.

Der Land Cruiser bremst.

«Das sieht mir eher nach einer Flohbude aus», sagt Sharif, das Gesicht an die Scheibe gepresst.

«Mir egal», sagt Wardia mit einem verdrossenen Seufzer, «Hauptsache ich kann mich ausruhen, diese Reise hat mich fertig gemacht.»

«Wie lange wird es dauern?», fragt Mouillon.

«Keine Ahnung», sagt Chino, «aber es würde mich wundern, wenn ich einen Ersatzreifen finde, wir werden mindestens einen Reifen reparieren müssen, und ich weiß weder wo, noch wieviel Zeit das kosten wird.»

«Können wir nicht versuchen, einen saubereren Ort zu finden?», beharrt Sharif.

«Wir sollten besser nicht zu viel in diesem Nest herumfahren», kontert Chino trocken.

«Er hat recht», stimmt Mouillon zu. «Was wollen Sie denn, ein *Relais et Château*? Dass man uns Fragen stellt? Wo kommen Sie her, wo wollen Sie hin, wer sind Sie? Wie ist Ihre politische Einstellung? Ticken Sie noch richtig, Sharif?»

«Machen Sie, was Sie wollen, fahren Sie, wohin es Ihnen beliebt», unterbricht Salima. «Wardia und ich machen hier Halt. Sehen Sie nicht, dass sie fix und fertig ist?»

Ohne abzuwarten öffnet Ventura die Tür auf seiner Seite, springt leichtfüßig hinaus und reicht Salima die Hand, um ihr herauszuhelfen.

Ousmane streckt den Arm nach Chino aus, klopft ihm auf die Schulter.

«Ich kenne Farag», sagt er.

«Woher kennst du ihn?», fragt der Fahrer erstaunt und dreht sich zu ihm um.

«Farag ist Tschader, aus meinem Land, aus der Wadai-Region. Er ist es, der uns Arbeit geben sollte, meinem Bruder und mir.»

«Ist er Automechaniker?»

«Nein, Bauer, wie ich.»

«Der Farag, den wir suchen, ist Automechaniker.»

«Ich komme mit dir, ich werde ihn finden.»

Chino wendet sich ab, tritt auf die Kupplung, legt den Gang ein.

«Farags gibt es so viele wie Sandkörner in der Wüste. Steig aus, du Idiot, ich brauch dich nicht. Na los, tummle dich.»

Ousmane springt widerwillig auf den Boden.

Der Land Cruiser fährt wieder los und wendet.

Eine Palme ist bis auf den halben Stamm heruntergebrannt und verbreitet einen farblosen, durchsichtigen Rauch. Doktor Hitchcock hat keinen Kommentar abgegeben. Unbeweglich, sein Gepäck zu seinen Füßen, lässt er seinen abwesenden Blick auf der Umgebung verweilen, als wäre er lediglich ein Durchreisender.

Mit äußerster Vorsicht steigen die Fahrgäste über den Schutt, der den Eingang zum Hotel versperrt und überqueren das, was den Autowracks nach zu urteilen, die aus den Trümmern ragen, mal ein Parkplatz war. Wardia verstaucht sich um ein Haar einen Knöchel, sie klammert sich an Sharifs Arm fest.

Die brennende Palme neigt sich mit entsetzlicher Langsamkeit und gibt eine Reihe unheilverkündender Knackgeräusche von sich. Ventura warnt Salima, die zu nahe an dem Baum steht, rennt zu ihr, fasst sie um die Taille und zieht sie gerade noch rechtzeitig fort. Die Palme stürzt und bedeckt sie mit einer Wolke aus Staub und Asche. Sie husten, klopfen sich den Staub ab, schütteln sich die Haare und lachen.

Durch den Lärm aufmerksam geworden taucht die

Chefin des Hotels im Eingang auf und bedeutet ihnen, umzukehren. Eine dicke blonde Frau mit aufgedunsenem Gesicht und unregelmäßigen Zähnen.

«Keine Zimmer, *no rooms*!», ruft sie mit ausladenden Gesten, um sich verständlich zu machen, falls sie nicht ihre Sprache sprechen sollten, ein Kauderwelsch aus Arabisch und Englisch.

Sharif tut so, als würde er nicht verstehen, und tritt unter Verbeugungen näher, ganz Lächeln.

«*No rooms, oualou*», wiederholt die Chefin. «Gehen Sie schon!»

«Egal was, Hauptsache ein Dach.»

«Kein Wasser, kein Strom, keine Decke, kein Fußboden, und auch keine Wand, ist es das, was Sie wollen?», brüllt sie aggressiv.

«Gibt es ein anderes Hotel in der Gegend?», fragt Mouillon.

Ein Grinsen.

«Was glauben Sie, wo Sie sind? Nicht ein einziges steht mehr. Schauen Sie sich nur an, was wir durchgemacht haben.»

«Wo können wir hin?»

«Wo auch immer. Sie können draußen schlafen.»

«Es stinkt nach Tod.»

«Sie dürfen nicht durch die Nase atmen. Man gewöhnt sich dran.»

Salima hat die Auseinandersetzung genutzt, um in das Innere dessen vorzudringen, was einmal eine komfortable Pension war. Die Rezeption ist unter Schutt und Glassplittern begraben, auch die Sessel. Nur der Tresen ist freigemacht worden. Der große Raum, der als Speisesaal gedient hat, ist in besserem Zustand, einmal abgesehen von den großen Brocken Stuck, die sich von der Decke gelöst haben, einem auf dem Boden zerborstenen Kronleuchter, einer aufgerissenen Trennwand, und den Fenstern, die allesamt zersprungen sind.

«Was machen Sie da?», fragt der Chef des Hotels, als er hinter ihr auftaucht und sie am Arm packt, einen verärgerten Ausdruck im Gesicht.

Die Hand ist glühend und spröde, die Hand eines Mannes, der bei schlechter Gesundheit ist oder Angst hat.

«Wir suchen einen Ort zum Übernachten», sagt Salima, ohne sich aus der Fassung bringen zu lassen.

Er lässt sie so grob los, wie er sie gepackt hat.

«Hier geht das nicht.»

«Wir reisen mit einer Frau, die ein Kind erwartet, und sie ist erschöpft von der Fahrt. Eine Matratze auf dem Boden reicht, wenigstens für sie.»

«Wie viele sind Sie?»

«Sieben, dazu der Fahrer.»

«Woher kommen Sie?»

«Aus Tripolis.»

«Wie sieht es da unten aus?»

«Da gärt es.»

Der Chef zuckt mit den Schultern, besänftigt.

«Wenn Ihnen das zusagt, sagen Sie Ihrem Fahrer, er soll mit mir kommen, wir bringen ein paar Matratzen runter, aber ich warne Sie: es gibt kein Wasser, keinen Strom, nichts zu essen, und es macht zweihundert Dinar pro Person.»

«Das ist der Preis für ein Fünfsternehotel.»

«Sie können es nehmen oder lassen.»

«Ich bespreche das mit den anderen. Haben Sie wirklich nichts zu essen?»

«Haben Sie gesehen, in welchem Zustand die Stadt ist?»

Die Chefin betritt den Saal auf der Suche nach ihrem Mann, ist überrascht, als sie Salima sieht.

«Was macht die da?», fragt sie verdutzt.

«Ich habe ihnen gesagt, dass sie bleiben können», sagt er und kratzt sich die Augenbraue an der Stelle, die eine Mücke sich ausgesucht hat, um ihn zu stechen.

«Und ich habe nein gesagt. Wie stehe ich denn jetzt da?»

«Wir können sie nicht im Stich lassen, Almaz. Es ist eine schwangere Frau dabei.»

«Und deshalb stellst du mich als Miststück hin», ruft sie verärgert.

«Aber nein, Almaz, nein.»

«Ich bin das Miststück, und du bist ein Heiliger, behaupte ja nicht das Gegenteil. Wie lange haben Sie vor, zu bleiben?», fragt sie an Salima gewandt.

«Nur eine Nacht.»

Sie wendet sich wieder an ihren Mann, blickt ihm tief in die Augen. Er hat schwere hängende Augenlider, schwarze Augen, lange Wimpern.

«Du hast ihnen hoffentlich keinen Preis gemacht?»

«Zweihundert Dinar für eine Matratze auf dem Boden, zufrieden?»

Sie zeigt kein Anzeichen von Zufriedenheit, dreht sich auf dem Absatz um und bleibt stehen, verwirrt.

Kommandant Ahmet steht im Türrahmen, den Blick

fest auf Salima geheftet. Er räuspert sich, bevor er spricht.

«Ich habe keine Handtücher.»

«Ach nein?»

Die Hotelchefin begegnet dem vorwurfsvollen Blick ihres Mannes.

«Entschuldigen Sie», sagt sie in eilfertigem Ton, «ich bringe Ihnen gleich einen Satz hoch.»

Der Kommandant mustert weiterhin Salima. Ein warmes Licht dringt durch einen Riss in der Mauer von draußen herein und versieht die schwarzen Locken, die aus dem halb gelösten Kopftuch gerutscht sind, mit einem Heiligenschein.

«Besser Ihre Tochter», sagt er. «Sie soll sie mir bringen.»

Salima schüttelt verneinend den Kopf.

«Das ist nicht unsere Tochter, Kommandant», greift Moukhtar ein und wischt sich mit der Hand übers Gesicht, «sie ist ein Gast.»

Ahmet reißt sich aus seiner Betrachtung, dreht sich um, ohne seine Steifheit abzulegen, und verlässt den Raum.

«Wer ist das?», fragt Salima.

«Hast du ihr nicht gesagt, dass ein Kommandant der Armee ein Zimmer beschlagnahmt hat?», fragt Almaz ihren Mann in tadelndem Ton. «Du hättest es ihr sagen müssen.»

«Er belegt das einzige halbwegs anständige Zimmer», bestätigt Moukhtar an Salima gewandt. «Wir konnten es ihm nicht verweigern, wir hatten keine andere Wahl.»

«Ich mache keine Politik», sagt Salima.

Die Chefin beugt sich vor und zeigt mit dem Finger auf sie.

«Was Sie machen, sieht man ja», schnaubt sie verächtlich, «aber ich rede von den anderen.»

Salima verzichtet auf eine Antwort.

«Sie brauchen gar nicht so zu tun, als würden Sie nicht verstehen. Ich kenne mich aus», beharrt Almaz, während sie den Saal verlässt. «Ich sage nur, dass ich keine Geschichten mit der Armee will, das ist alles.»

SALIMA-EL-NAJIB

Soweit meine Kindheitserinnerungen zurückreichen, kann ich mich nicht erinnern, jemals ein Spielzeug bekommen zu haben. Weder Puppen noch Süßigkeiten. Niemals eine zärtliche Geste, eine Liebkosung, ein Päckchen Bonbons, niemals eine Hand, um meine Haare zu zausen, zwei Finger, um an meiner kleinen Nase zu zupfen, niemals ein freundliches Wort, ein Kompliment über die Arbeit, die mir seit meinem frühesten Alter auferlegt wurde. Beschimpfungen oder einfach nur Zurechtweisungen, Moralpredigten, «tu dies, tu das» den lieben langen Tag. Und Schläge. Dennoch bin ich standhaft geblieben, während ich darauf wartete, erwachsen zu werden. Oh, hat das lange gedauert. Lange. Lange. Wie lange hatte ich warten müssen, bis meine kleinen Brüste wuchsen, meine Monatsblutung einsetzte, meine Hüften breit wurden, bis meine Stimme fester wurde, bis ich unter einem Schleier verschwand. Als Älteste musste ich mich um meine Brüder und Schwestern kümmern, sie waschen, verpflegen, ihre Launen ertragen, sie beaufsichtigen, sie zur Schule bringen, ich, die darauf keinen Anspruch gehabt hatte. Ich habe mich nie darüber beklagt, dass ich kein Malbuch hatte, kein eigenes Zimmer, keine Intimsphäre. Ich habe es ertragen, weil ich wusste, dass ich eines Tages frei sein würde. Frei. Ich war überzeugt, dass in mir eine Kraft existierte, ich war sicher, dass irgendwo Lichter strahlten, und dass diese Kraft mich dorthin führen würde. Ich wusste, dass ich eines Tages selbst eines dieser Lichter sein würde, und dass es blendend hell sein würde.

Ich habe nichts gelernt, nicht gespielt, nicht geliebt, das war mir verboten. Ich habe geweint, ich habe geschrien, aber ich wusste, dass ich eines Tages groß sein würde. Frei.

Ich war noch keine vierzehn, als ich an einem Bauzaun das kleine Plakat eines Wandertheaters mit dem Foto von Arius als Mamamouchi gesehen habe. Überwältigend majestätisch. Er ähnelte keinem von denen aus meiner Umgebung. Ich konnte nicht widerstehen, ich bin in das Zelt geschlüpft, in dem das Stück von Molière aufgeführt wurde, ohne zu zahlen, mit klopfendem Herzen, die Angst im Bauch. Ich hatte vom Theater schon gehört, ohne je eins gesehen zu haben, und ich stellte mir vor, dass die Darsteller plumpe Marionetten waren, aus Holz geschnitzte, mit dem Pinsel bemalte Figuren, wie in meinem Dorf einige angefertigt worden waren. Ich konnte nicht an Wesen aus Fleisch und Blut glauben.

Sobald ich Arius gesehen und meine Augen für diese bis dahin unbekannte Welt geöffnet worden sind, beschloss ich, Schauspielerin zu werden, Texte vorzutragen und auch so hübsche Kostüme zu haben. Ich wollte diese schönen Stoffe, diese hübschen Farben, ich wollte diese feurigen Tiraden vortragen, von denen ich glaubte, sie würden spontan aus dem Mund der Akteure sprudeln.

Am nächsten Tag wollte ich das Schauspiel wieder

ansehen, aber ich wurde erwischt, als ich mich hineinmogeln wollte, und wurde vor Arius geschleppt. Ich war in Tränen aufgelöst, zu Tode verängstigt bei dem Gedanken, dass sie das Eintrittsgeld von meinen Eltern verlangen könnten. Er war gerade dabei, sich für die Bühne umzuziehen, und er sah prächtig aus. Als er seinen Turban gebunden hat, konnte ich meine Tränen nicht mehr zurückhalten. Er hat sie als Reue gedeutet, obwohl sie nur die Folge überschäumender Gefühle waren. Statt mich zu bestrafen, hat er mich an die Hand genommen und mich in die erste Zuschauerreihe gesetzt.

Eine Woche später habe ich meinen Schleier abgelegt und bin ihm und seiner Truppe gefolgt.

Das Theater hat mir alles gegeben.

Es hat mir alles genommen.

Mein Herz ist zu Stein geworden.

Ein Jahr und ein paar Monate nach meiner Aufnahme in die Truppe haben wir in Tripolis gespielt. Der *Pourriture*, der von ich weiß nicht welchem Höfling von meiner Schönheit gehört hatte, hat mir eine Limousine mit einem Blumenstrauß und einer Einladung geschickt, die keinen Zweifel an ihrer Natur zuließ. Ich habe abgelehnt. Ich bin keine Hure, die sich mit Geld oder für Gefälligkeiten kaufen lässt.

Ich habe nein gesagt, ich bin bei Arius geblieben.

Das Gauklerleben gehört sich in den Augen der Männer meines Landes nicht für eine anständige Frau. Eine gute Muslimin ist dazu da, ihrem Mann zu dienen, Essen auf den Tisch zu bringen, den Haushalt zu führen, Kochtöpfe zu polieren, Wäsche aufzuhängen, Kinder zu gebären, Hintern abzuwischen. Wenn sie es wagt, ihre Meinung kundzutun oder ihre Freiheit zu fordern, sowohl die ihres Körpers als auch die ihrer Gedanken, wie ich es getan habe, wenn sie es wagt, in der Öffentlichkeit aufzutreten, sich der Menge auszusetzen, ihr Herz vor einem Parkett von Männern auszuschütten, ihre Freude hinauszuposaunen, ihre Ängste hinauszuschreien, die Rolle einer Verliebten zu spielen, vor dem Mann, den sie dem Drehbuch nach lieben soll, auf die Knie zu fallen, dann ist sie zwangsläufig käuflich. Und weil sie die Taschen voller Geld haben, das sie dem Volk geklaut haben, weil sie trunken sind von der Macht, die sie sich an den Wahlurnen ergaunert haben, bilden die Reichen und Mächtigen meines Landes sich ein, das Recht zu haben, ganz gleich wen zu missbrauchen.

Weitere Limousinen und weitere Blumensträuße haben nach dem Theater auf mich gewartet.

Jedes Mal habe ich nein danke gesagt. Nein und abermals nein danke.

Da hat der *Pourriture* eine Hetzkampagne durch die Presse lanciert, die ihm nach dem Mund redet, und von einem Tag auf den anderen hat dieses Publikum, das mich vorher förmlich beweihräucherte, das mich mit Lobeshymnen überhäufte, sich umso heftiger von mir abgewandt, je mehr es mich bewundert hatte. Seine Bösartigkeit ist in den aggressivsten, brutalsten Formen zum Ausdruck gekommen. Es hat mir ins Gesicht gespuckt, mich beschimpft, mich brutal bloßgestellt und sich gefreut, als mein Herz blutete. Barbaren.

Sollten sie mich ruhig an den Galgen stellen, ich würde nicht nachgeben.

Ich habe weiter nein danke gesagt. Nein.

Ich habe Arius geliebt, wie man seinen ersten Mann liebt, den, der einen befreit, den, der einen erhebt. Ich habe ihn geliebt, trotz seiner Betrügereien, seiner Lügen, seiner Feigheit, seiner Blasiertheit, seiner unerträglichen Affektiertheit. Er hätte es verdient, dass ich ihn tausendfach hintergehe, wie er es getan hat, aber ich konnte nicht.

Und wenn ich es gekonnt hätte, dann nur mit demjenigen, den ich auserwählt hatte.

Ich habe immer nein danke gesagt. Behalten Sie Ihre Blumen, behalten Sie Ihr Geld, lassen Sie mich arbeiten.

Man sagt nicht «nein» zu den Mächtigen in meinem Land.

Sie haben mich nicht an den Galgen geführt, sie haben mich nicht gesteinigt.

Mitten in einem Stück von Molière, *Die Gaunerstücke des Scapin,* haben sie die Bühne gestürmt und Arius wegen als Verleumdung gegen den *Pourriture* ausgelegter Äußerungen festgenommen. Sie haben ihn ins Gefängnis geworfen, erniedrigt und gefoltert, bevor sie ihn umgebracht haben.

Ein Wagen der Armee ist bei mir vorgefahren.

Soldaten haben meine Tür aufgebrochen und seine Leiche auf unser Bett gelegt.

Eine weitere Limousine wurde mir geschickt.

Nirgends, wohin ich hätte fliehen können, auch wenn ich die Kraft gehabt hätte, aber ich war gelähmt vor Angst, meine Beine gehorchten mir nicht mehr.

In die Falle gegangen, zu Tode verängstigt, versuchte ich meine panische Angst zu beherrschen, zu verhindern, dass sie noch größer wurde.

Es klopfte an meiner Tür.

Ich habe aufgemacht, die Blumen angenommen. Ich habe ja gesagt.

Mein Leib war schwer. Mein Kopf ein Trümmerhaufen, mein Herz aus Stein.

Ich war im Bett des *Pourriture*, im *Auge der Bösartigkeit*.

Ich bäumte mich auf, fiel zurück.

Ich wollte nicht sterben.

Ich habe keinen Widerstand mehr geleistet.

Ich habe Gefügigkeit, Verlogenheit, Verstellungskunst gelernt.

Und Wochen später, als er von der Liebe befriedigt auf dem Rücken ruhte, habe ich mein Messer aufgeklappt.

Ich habe einmal zugestochen.

Er hat nicht geschrien, er ist zusammengezuckt, er hat sich nicht mehr bewegt, ich glaubte, er sei tot.

Ich habe mich versteckt, leichten Herzens, mit hocherhobenem Kopf. Naiv.

Die Bösartigkeit stirbt nicht, das Messer kann sie abschneiden, sie wächst immer nach, wie die Köpfe der Hydra der Antike.

7

Der Himmel ist voller Sterne.

Die khakifarbenen Zelte sind ohne jegliche militärische Disziplin auf dem Hauptplatz von Ar-Rahibat aufgestellt. Die Spannseile, die sie am Boden festhalten, bilden ein wildes Gewirr und behindern die diensthabenden Soldaten in ihren Bewegungen. Ausgemergelte Hunde irren auf der Suche nach Nahrung umher, Soldaten schlafen, den Kopf auf dem Gepäck, mitten auf dem Boden, um die Abendluft zu nutzen. Andere bespritzen sich mit nacktem Oberkörper, das Hemd im Gürtel hängend, an dem einzigen Brunnen, dessen Wasser durch die Steinrisse läuft, sowohl um sich von Staub und Schweiß zu befreien als auch zur Erfrischung. Die Erschöpfung steht ihnen ins Gesicht geschrieben.

«Ich suche Farag», sagt Chino zu einem der Soldaten, ohne aus dem Toyota zu steigen, einen Arm aus dem Fenster hängend.

«Farags gibt es überall.»

«Den Automechaniker.»

Irgendwo hinter der Ruine zirpen Heuschrecken.

«Wer bist du überhaupt?»

Der Mann schielt stark auf dem rechten Auge.

«Sein Cousin.»

«Fahr vor die Moschee.»

«Da komm ich gerade her.»

«Fahr zurück.»

Die Panzer und Radpanzer stehen unter Tarnnetzen verborgen in einigem Abstand zueinander, um im Fall eines Gegenangriffs der Rebellen kein zu geballtes Ziel zu bieten. Die Motoren, seit langem ausgeschaltet, sind noch heiß. Über den Wagenverdecken hängt eine Säule heißer Luft, in der Bäume und Häuserfassaden flimmern wie bei einer Fata Morgana.

«Kennst du Farag?»

«Das bin ich.»

Ungläubiger Blick von Chino. Die Latzhose des Mannes ist sauber, ohne Ölflecken.

«Der Automechaniker?»

«Nein, ich bin Koch.»

«Ich suche den Automechaniker.»

«Er ist fort», antwortet ein Panzerfahrer, der das Gespräch verfolgt.

Er zieht einen Lappen von zweifelhafter Sauberkeit aus seiner Gesäßtasche und wischt sich die Stirn ab.

«Wohin?», fragt Chino.

«Weiß nicht.»

Ein enttäuschtes Murren.

Der Land Cruiser fährt langsam in großem Bogen um die Zelte herum, um die Soldaten nicht zu stören, die allen möglichen Aufgaben nachgehen, von denen die wichtigste die Wäsche zu sein scheint, und hält ein paar Meter vor einem Panzer, einem M1 Abrams Panzer, erbaut von General Motors und ausgestattet mit einer 120-Milimeter-Kanone und einem Maschinengewehr, die achsenparallel montiert sind. Zwei Mechaniker-Soldaten machen sich daran zu schaffen, ölen die Ketten und die Fahrwerke, überprüfen den Zustand jedes einzelnen Teils. Keiner der beiden Soldaten ist Libyer, daran besteht für Chino kein Zweifel. Der Größere ist vom Typ her Somalier, der andere Tschader. Der *Pourriture* rekrutiert seit Jahren ausländische Söldner, die er fürstlich bezahlt, um sich ihre Treue zu sichern. Früher haben sie sich gegenüber der Zivilbevölkerung wie die Wilden benommen. Heute mehr denn je.

Chino öffnet die Wagentür, springt auf den Boden.

«Ich suche Farag, den Automechaniker.»

«Warum?»

Der Somalier ist dürr, die Haut über den hervorspringenden Knochen pergamentartig.

«Ich muss einen kaputten Reifen reparieren», sagt er und nimmt die Zigarette an, die er angeboten bekommt, «zwei wenn möglich, weil mein Ersatzreifen ebenfalls hinüber ist. Wir sind am Ausgang von Sabratah von einer Bande Rebellen angegriffen worden.»

Während er spricht, zeigt er auf den Toyota.

«Farag ist nicht da», sagt der Tschader. «Er ist fort.»

Ebenfalls dürr, aber schwärzer, einen Schesch der Tuareg um Schädel, Hals und die untere Gesichtshälfte gewickelt. Nur die Augen schauen heraus. Zwei Traubenkerne tief in den Augenhöhlen.

«Wohin?»

«Mit der zweiten Kompanie, Richtung Front.»

«Könnt ihr das machen?»

«Das dauert, Bruder.»

«Wie lange?»

«Weiß nicht.»

«Ich fahr morgen früh weiter, in aller Frühe, so Gott will.»

«Wir brauchen unseren Schlaf.»

«Ich bin bereit zu zahlen.»

«Morgen bin ich vielleicht tot. Was ist Geld schon in den Taschen eines Toten wert?» deklamiert der Tschader und zuckt mit den Schultern.

«Möge Gott dich am Leben halten, Bruder.»

«Ja, aber wenn er nicht hört?», sagt der Somalier mit einem breiten Lächeln.

«Wenn wir sterben, was nützt uns dann das Geld?», beharrt der Tschader und prustet los.

«Wer weiß?»

«Wer weiß was?»

«Es kann euch wieder zum Leben erwecken», sagt Chino und lacht auch, nur zu glücklich über die Richtung, die das Gespräch nimmt.

«Möge Gott dich erhören», sagt der Somalier.

«Wieviel gibst du?», fragt der Tschader.

Das Klacken von Stiefeln.

«Bist du der Fahrer von diesem Land Cruiser?», fragt ein Offizier, den sie nicht haben kommen sehen.

«Ja, das bin ich», antwortet Chino überrumpelt.

Das Herz hämmert, das Blut lässt die Halsader schwellen.

«Wo ist Leutnant Ibrahim Kechad?»

Der Offizier stützt sich auf einen Stock. Das linke Bein ist bandagiert.

«Ich kenne ihn nicht», sagt Chino vorsichtig.

«Du kennst meinen Bruder nicht?»

«Nein.»

Der Offizier sieht ihn finster an.

«Was heißt das, du kennst ihn nicht? Das ist sein Privatwagen. Ich erkenne Fatmas Hand an der Windschutzscheibe wieder, ihr fehlt ein Finger. Wie heißt du?»

IKKEN MASSIMINA, GENANNT CHINO

Vor zehn Tagen war ich noch ein junger und angesehener Arabischlehrer am französischen Gymnasium in Tripolis, der einzigen Schule in Libyen, in der nach dem Lehrplan des französischen Bildungsministeriums unterrichtet wird, aber auch Arabisch und der Koran in Anwendung gegenseitiger Übereinkünfte mit der libyschen Regierung. Ich wurde gut bezahlt, hatte gute Beurteilungen, meine Zukunft war gesichert, meine Verlobung mit meiner schönen und anbetungswürdigen Izza, der jüngsten Tochter des Direktors des Jamahiriyya Museums – einer jungen, sehr westlich orientierten, modernen Frau, obwohl sie nie aus unserem Land herausgekommen war – war offiziell. Ich hatte sie am Gymnasium kennengelernt, wo sie als Gasthörerin die Kurse in französischer Literatur besuchte. Sie war nicht zu bremsen bei Montesquieu, Rousseau und Tocqueville, den Autoren, die ihr politisches Denken geprägt hatten, so wie sie das Denken ihrer Epoche bis in unsere Zeit beeinflusst hatten.

Die Bedingungen für die Heirat waren bereits mit ihrem Vater festgelegt worden, als in den Nachbarländern die ersten Anzeichen für etwas laut wurden, was die Journalisten spontan als den arabischen Frühling bezeichneten.

Ich konnte nicht anders handeln, als ich es getan habe. Ich stamme aus Ghat, der Hauptstadt ganz Südlibyens. Als ich klein war, pfiff ich auf die Grenze und streifte frei auf dem Pferd durch die Tassili n'Ajjer und Djebel Akakus, ich sprach Tamahaq mit meinen Leuten von einem vornehmen Stamm und Chamba mit den Kameltreibern, denen ich unterwegs begegnete, ich sprach arabisch mit unseren Bediensteten aus dem Norden. Und dann hat der *Pourriture* und sein Anhang meine Eltern wie die meisten Berber ihrer Länder und ihrer Besitztümer beraubt und sie großzügig an arabische Beduinen oder Stammesangehörige verteilt, die sich in die Abhängigkeit seines Regimes begeben hatten.

Ich habe ein hitziges Naturell, trotzdem habe ich meinen Hass nicht aufkommen lassen.

Ich, der Sprössling prächtiger Krieger, habe den Rücken gebeugt und meine Vergötterung des *Pourriture* herausposaunt.

Ich wartete auf den Aufstand meines Volkes.

Es hat mich nicht enttäuscht.

Mein Appartement liegt ganz nah an der Kaserne von Bab-al-Azizyah im obersten Stock eines neuen Wohnhauses am Stadtrand. Von meinem Balkon aus konnte ich die Truppenbewegungen der loyalen Armee beobachten, und ich informierte regelmäßig meine kämpfenden Brüder aus Misrata, wenn möglich telefonisch oder durch Kuriere. Durch meine angesehene gesellschaftliche Stellung war ich über jeden Verdacht erhaben, bis zu dem Tag, an dem einer meiner Boten von den Soldaten verhaftet und gefoltert wurde. Er ist gestorben, ohne zu reden, aber ich wusste nicht, dass er im Besitz von Dokumenten war, die mich kompromittierten.

Mitten in einer Arabischstunde warnte mich ein der Sache wohlgesonnener Kollege, dass das Gymnasium von der Armee umzingelt sei und ich anscheinend der Grund dafür war. Vor den Augen meiner verdatterten Schüler sprang ich aus dem Fenster und schaffte es, unter die Wagenplane zu schlüpfen, die auf dem Dach eines Land Cruisers drapiert war – hinter dem Rücken seines Besitzers, Leutnant Ibrahim Kechad den Papieren zufolge, die er im Wagen gelassen hatte. Wenige Minuten später passierte besagter Offizier die Sperren und fuhr zur Residenz des *Pourriture,* und ich mit ihm, als ein Flugzeug der Koalition im Tiefflug aufkreuzte, die Maschinengewehre in Aktion. Der Offizier folgte dem unglücklichen Reflex, aus dem Wagen zu steigen, um sich in Sicherheit zu bringen, er wurde von einer Salve niedergemäht. Ich kroch aus meinem Versteck, nahm seine Waffe an mich und floh am Steuer des Wagens.

Das war vor zehn Tagen, es kommt mir vor wie ein Jahrhundert.

Mit Izzas – Gott segne sie – Beihilfe konnte ich im Jamahiriyya-Museum unterschlüpfen, das seit dem Ausbruch des Bürgerkriegs geschlossen war.

Eines Nachts wurde ein Flugzeug der Koalition über der Stadt abgeschossen. In den Straßen schwor eine Menge spontan dem *Pourriture* ihre Treue. Ich habe mich unter die Massen gemischt, ein Anonymer unter Anonymen, Slogans gebrüllt und gehofft, Kontakt zu einem Kampfkameraden aufnehmen zu können.

Als ich mich an den Mauern entlangdrückte, stieß ich

auf den Flugzeugpiloten, der sich hinter einer Batterie Mülltonnen verschanzt hatte, um die sich eine Horde ausgehungerter Katzen stritt. Ich habe ihm mein Kapuzensweatshirt gegeben, damit er sich besser verbergen konnte, und als der öffentliche Jubel abgeebbt war, als die Demonstranten wieder nach Hause gegangen waren und die Soldaten in ihre Kasernen, habe ich ihn mit ins Museum genommen, wo Izza und ich in den Kellerräumen hausten.

Meine ersten Versuche, die Stadt mit Henri – so heißt der französische Pilot – zu verlassen, scheiterten. Militärsperren kontrollierten die Ausgänge.

Die Idee kam von Izza.

Salima, eine ihrer Freundinnen, wollte das Land verlassen, als es keinen einzigen Flug mehr gab, kein Schiff, noch sonst irgendein Transportmittel zu Lande. Sie war im Besitz eines vorschriftsmäßigen Passierscheins, ausgestellt von den Militärbehörden, und versicherte, dass noch andere Leute um jeden Preis fliehen wollten, um über die Grenze zu gelangen. Und diese Leute hatten Reiseberechtigungen.

Als ich sie mitgenommen habe, dachten wir, dass ich die Sperren vielleicht überwinden und über die tunesische Grenze gelangen könnte.

Izza würde sobald wie möglich nachkommen.

8

Ousmane tastet sich in der Dunkelheit die kaputten Zementstufen hinunter, den Rücken unter dem Gewicht von drei Rosshaarmatratzen gebeugt, die er sich unten angekommen von den Schultern schwang und dabei eine Staubwolke aufwirbelte.

Henri Ventura schnappt sich eine Matratze, zerrt sie mit beiden Händen in die Ecke gegenüber dem Treppenabgang und legt sie an eine Trennwand, dem für die Intimsphäre einer schwangeren Frau am ehesten geeigneten Ort.

«Ruhen Sie sich aus», sagt er.

Wardia dankt ihm gezwungen lächelnd, streckt sich aus und seufzt tief, die Hände auf dem Bauch und die Augen geschlossen, um die Erleichterung besser auskosten zu können, die ihr diese Ruhepause verschafft. Nach einer Minute vollkommener Regungslosigkeit löst sie das Kopftuch, das ihren Kopf umhüllte, und entblößt einen zart ockerfarbenen Teint, ein von zwei Zöpfen gerahmtes, hübsches Gesicht mit leicht gebogener Nase und schmalen Lippen, den typischen Gesichtszügen des Tibbo-Volkes, eines Stammes im Südosten von Fezzan, bekannt für den Charme seiner Frauen und auch ihrer Anmut.

Der Pilot zieht noch eine Matratze heran, stellt eine leere Sodakiste als Nachttisch daneben und ruft Salima.

«Es ist besser, wenn ihr zusammen seid», sagt er.

«Danke», sagt sie.

«Wir gehen in die andere Ecke, so haben wir getrennte Appartements.»

Sie lacht.

«Uns geht's bestens hier, nicht wahr, Wardia? Das erinnert mich an die Kaschemme, in der ich meine erste Nacht mit Arius verbracht habe. Vielleicht hast du schon mal von ihm gehört, er hat eine Theatertruppe geleitet...»

Wardia schüttelt den Kopf. Sie ist nie im Theater gewesen.

«Das Zimmer war nur mehr oder weniger sauber», fährt Salima fort, «wir haben uns lieber nicht unter die Laken gelegt, aber das Essen war hervorragend. Wenn das hier doch auch so wäre...»

«Ihr Mann?»

«Wer? Arius? Nein, er ist tot.»

«Oh, wie traurig... Sie sind noch so jung», ruft Wardia.

«Ja, wir waren jung. Das ist in diesem Land ein Handicap.»

Sharif, Ousmane und Mouillon kommen hintereinander die Treppe herunter und legen ihre Matratzen mit dem Kopfende zur Wand.

«Hat sich jemand nach den Toiletten erkundigt?», fragt Sharif.

«Draußen», sagt Mouillon.

«Mein Gott...»

«Ich war schon da», sagt Doktor Hitchcock in dem gleichgültigen Ton eines Menschen mit trockenem Humor. «Man kann nicht gerade behaupten, dass man dort eine saubere und erfrischende Luft atmet, aber zu meinem großen Erstaunen wird man nicht durch Fäkaliengestank belästigt, er wird durch Aasgeruch übertüncht.»

Ein Aufschrei der Empörung.

«Selbst ein Aas», murmelt Wardia.

Ventura steigt wieder hinauf, um die Matratze des Doktors zu holen, der zu wackelig auf den Beinen ist, um sie zu tragen, ohne die Treppe runterzufliegen.

«Seltsam, dass Chino nicht wiederkommt», bemerkt Sharif.

«Der Autohändler hat um diese Zeit bestimmt geschlossen», antwortet Mouillon und schüttelt seinen Strohsack aus.

«Glauben Sie, dass er was zu essen für uns findet?»

«Würde mich wundern.»

«Die Soldaten haben was zu essen, nehme ich an.»

«Schachteln mit der Tagesration vielleicht, aber das ist nicht sicher.»

Mit Ousmanes Hilfe legt der Franzose die Matratze auf den Boden.

«Ich hab Kohldampf», sagt Sharif.

«Denken Sie an was anderes», rät Mouillon.

«Ich hab keinen Hunger», knurrt der Doktor, als Ventura darauf besteht, dass er sich auf seinem Strohsack ausstreckt. «Nur Durst. Wenn Sie nichts haben, um sich den Magen zu füllen, füllen Sie ihn mit Wasser. Das bremst den Hunger. Das Ärgerliche ist, dass der Körper das Wasser sehr schnell ausscheidet. Trinken Sie besser ein alkoholisches Getränk, es bleibt länger im Magen. Guten Abend, meine Damen und Herren, das war eine Gratis-Konsultation von der medizinischen Fakultät.»

Er trinkt seinen Becher aus, hustet ausgiebig und spuckt aus, bevor er sich stöhnend hinlegt.

Salima sitzt im Schneidersitz und öffnet ihren Koffer vor sich. In der Dunkelheit kann sie nicht viel erkennen, kann seinen Inhalt jedoch ertasten. Toilettenartikel, Reiseapotheke, Schlüpfer zum Wechseln, ein Paar Strumpfhosen, ein Paar orientalische Babouches, der Gedichtband von Ali Sedki Abdelkader, auf den Arius sie aufmerksam gemacht hatte und den sie vor ihrer Abreise in der Dar Fergiani Buchhandlung gekauft hat, Reiseproviant, eine Flasche libanesischer Wein, der etwas mehr Kühle verdient hätte, und ihr Messer. Sie nimmt die Flasche und das Messer und legt beides neben sich zusammen mit dem Paket, das einen Imbiss enthält, den ihr Cousin, der Koch von Al Saraya, in aller Eile zubereitet hatte und den sie in Alufolie gewickelt hatte, um ihn so lange wie möglich frisch zu halten. Seit ihren Tourneen und dem ständigen Herumreisen, wobei die Truppe nie sicher war, ob sie unterwegs oder bei der Ankunft etwas zu essen finden würde, hatte sie sich angewöhnt, vorzusorgen.

Sie nimmt ein Sandwich aus dem Paket und beugt sich mit ausgestrecktem Arm zu Wardia.

«Nehmen Sie», sagt sie.

«Was ist das?»

«Sandwich mit Hammelspießbraten. Nehmen Sie ruhig, es ist nicht scharf.»

«Nein, danke. Ich will es Ihnen nicht wegnehmen.»

«Machen Sie sich um mich keine Sorgen, ich hab, was ich brauch», sagt Salima und besteht darauf. «Nehmen Sie schon, ich kann hören, wie das Baby sich bewegt, es will Ihnen sagen, dass es Hunger hat.»

Wardia greift nach dem Sandwich und lächelt schwach, aber dankbar.

Salima breitet ihre Vorräte auf einem auseinandergefalteten Tuch aus und zerschneidet sie, damit jeder seinen Teil bekommt.

Essensgeruch zieht durch den Raum.

In der Dunkelheit wenden sich die Köpfe in ihre Richtung.

«Kommen Sie her», sagt sie.

Gebeugt eilen Sharif und Mouillon zu ihr. Der Doktor verlässt seine Matratze nicht.

Sie verteilt die Sandwiches, übergeht den Dank und geht zu Kenneth Hitchcock, der im Sitzen, den Rücken gegen die Wand gelehnt und den Kopf auf eine Schulter geneigt, auf seiner Matratze eingenickt ist.

«Sie müssen etwas essen», sagt sie und rüttelt ihn.

Er schlägt die Augen auf, macht sie sofort wieder zu.

«Ich bin auf Diät», sagt er.

«Ich scherze nicht. Nehmen Sie.»

Schnaufend vor Anstrengung hebt er den Kopf und stützt sich auf einen Arm.

«In meiner Eigenschaft als Arzt, Mademoiselle», sagt er, «habe ich mir eine Ernährungsweise aus pflanzlichen Eiweißen verschrieben, und es gibt keine besseren pflanzlichen Eiweiße als die, die in dem schottischen

Malt-Whisky enthalten sind, das können Sie mir glauben.»

«Bitte…»

Er macht eine wegscheuchende Bewegung.

«Kümmern Sie sich nicht um mich», brummt er, «lassen Sie mich in Ruhe.»

Das flackernde Licht, das senkrecht von einer Petroleumlampe fällt, die an einem Nagel in der Wand hängt, macht seine Falten zu Furchen und seine Augenhöhlen zu gähnenden Löchern.

«Na los…»

Wardia stützt sich auf einen Ellbogen und schleudert ihm quer durch den Raum entgegen:

«Sie sind ein Dreckskerl, Sie hätten ihn fertigmachen müssen.»

Er lässt keinerlei Zeichen von Verärgerung oder Verlegenheit erkennen.

«Den Dreckskerl ziehe ich mir an. Den Rest habe ich nicht verstanden.»

«Aber ja, Sie wissen genau, wovon ich spreche.»

Er schweigt, ausdauernd.

«Sie Aas», lässt sie nicht locker. «Dreckskerl!»

«Sie wiederholen sich. Sie sollten Ihren Wortschatz erweitern.»

«Tun Sie nicht so, ich rede vom *Pourriture*, den Sie gerettet haben, als er hätte sterben sollen», schreit sie schrill.

Er betrachtet sie mit gesteigerter Aufmerksamkeit.

Salima legt ihm das Sandwich in die Hand und schließt seine Finger darum.

«Was wissen Sie schon davon? He? Was können Sie

schon wissen? Sie hatte man schon längst hinausgejagt, bevor ich mich an die Arbeit gemacht habe», sagt er, ohne die Stimme zu heben.

«Essen Sie», sagt Salima.»

Er rührt sich nicht, blickt gelassen.

«Haben Sie den *Pourriture* behandelt?», fragt sie.

Diesmal scheint er in Verlegenheit gebracht worden zu sein, er antwortet nicht.

«Wenn Sie nicht wären, wäre dieser Krieg schon zu Ende», murmelt Wardia völlig erschöpft.

Salima neigt sich zum Ohr des Doktors.

«Wenn das wahr ist, sind Sie nicht nur ein Dreckskerl, Sie sind ein Verbrecher.»

Sie schweigt, wartet.

Erneutes Schweigen. Ohne sie aus den Augen zu lassen, beißt er in das Brot.

Sie dreht sich abrupt um und geht wieder zu ihrer Matratze.

«Was will sie damit sagen?», fragt Henri und zeigt auf den Doktor, der eifrig kaut. «Dass er sein Arzt war?»

Ohne zu antworten, zeigt sie auf das Tuch.

«Keine Ahnung. Bedienen Sie sich, Henri, Sie haben noch nichts genommen.»

«Sind Sie sicher, dass ...»

«Nehmen Sie.»

Er nimmt Salimas Messer, klappt es auf, schneidet das Sandwich durch.

«Sie werden morgen nichts mehr für sich haben.»

«Morgen ist ein Wort, das nicht zu meinem Vokabular gehört. Das ist ein schwarzes Loch, in das wir – wie, wissen wir nicht – hineinfallen werden.»

«Leben Sie von einem Tag auf den anderen?»

«Ganz genau. Seit Arius Tod sind alle verheißungsvollen Worte aus meinem Wortschatz gestrichen. Erwartung. Zukunft. Hoffnung. Alles verschwunden.»

«Liebe?»

«Liebe, Zärtlichkeit, Brüderlichkeit. Auch gestrichen.»

«Sie haben gerade das Gegenteil bewiesen.»

«Ganz und gar nicht.»

«Diese Sandwiches ...»

«Sie täuschen sich. Mit ein paar Sandwiches erkaufe ich meine Unabhängigkeit. Ich schulde Ihnen nichts. Sie sind es, die mir etwas schuldig sind.»

«Machen Sie sich nicht hartherziger, als Sie sind.»

«Was wissen Sie schon davon?»

«Ich weiß Schönheit zu erkennen, Großzügigkeit... Ich erahne Leiden.»

«Ihnen ist schon klar, dass Sie nichts wissen.»

Sie nimmt das letzte Sandwich und schwenkt es in Richtung des Tschaders.

«Ousmane!»

«Ist das *halal*?»

«Hast du in Libyen jemals etwas anderes gesehen als Halal-Fleisch?»

Er lacht übers ganze Gesicht, verneigt sich mit der Hand auf dem Herzen und isst.

Sie entkorkt die Weinflasche.

«Sie werden entschuldigen», sagt sie in die Runde, «aber ich habe nur einen Becher. Sie müssen der Reihe nach daraus trinken. Alle, die etwas möchten, sollen herkommen.»

«Dachten Sie etwa, Sie könnten sie ganz allein austrinken?», fragt Sharif ironisch und tritt als Erster vor. «Ich habe mich noch nicht vorgestellt», fügt er hinzu und reicht Henri die Hand. «Emmanuel Sharif, armenischer Türke und apostolischer Christ – ich weiß, das ist eine ganze Menge für einen einzelnen Mann, und außerdem bin ich auch noch Journalist. Kennen Sie *Jamanak*?»

«Bedaure.»

«Die älteste türkische Tageszeitung in meiner Sprache. Ich war gerade in Libyen für eine Reportage über die Verfolgung der letzten Christen, als die Revolution ausgebrochen ist und ich Knall auf Fall aus dem Lande gejagt wurde.»

«Mit einem ganz schönen Sümmchen, wenn wir unseren Augen trauen können», ergänzt der Doktor.

«Das gehört nicht mir, das gehört denen», erklärt Sharif ernsthaft. «Sie befürchten, nicht nur verfolgt, sondern auch enteignet zu werden. Sie haben mir vertraut und es mir ausgehändigt, um es in der christlichen Gemeinde von Istanbul, wo man sie bald aufnehmen wird, an einen sicheren Ort zu bringen.»

Hitchcock lacht laut auf wie über einen guten Witz.

«Laufen Sie deshalb mit einer Knarre rum?», fragt Mouillon.

«Man transportiert kein Geld, ohne bewaffnet zu sein – auf der ganzen Welt nicht.»

«Henri Ventura. Erfreut», sagt der Pilot und ergreift Sharifs dargebotene Hand.

«Sie haben uns nicht gesagt, was Sie gemacht haben? Scharfschütze? Heckenschütze?»

«Was ich mache, tut nichts zur Sache.»

«Oh doch. Sie werden in meinem nächsten Artikel erwähnt, wie wir alle.»

«Wirklich?», fragt Wardia.

«Natürlich», sagt der Journalist und gibt den leeren Becher zurück.

«Jean-David Mouillon, Archäologe.»

«Franzose?»

«Gut beobachtet.»

«Was für einen schönen Beruf Sie haben, Monsieur Mouillon», bemerkt Hitchcock ironisch und hört auf zu kauen.

«Den Boden umgraben, darin herumstochern, die alten Tongefäße unserer Vorfahren wieder zusammensetzen…»

«Genau das tue ich, danke, dass Sie es unseren Kameraden so toll erklärt haben.»

«Und diese Dame?»

«Ich?», fragt Wardia.

«Ich sehe keine andere», sagt Sharif.

Ein Blitz durchzuckt die Dunkelheit: der geringschätzige Blick, den Salima ihm zuwirft.

«Ich habe nichts zu sagen», sagt Wardia.

«Wie kommt es, dass Sie in Ihrem Zustand bei uns sind?»

Sie verbirgt ihre Verlegenheit, gewinnt Zeit durch Husten.

«Mein Mann wollte, dass ich über die Grenze gehe, um uns in Sicherheit zu bringen, das Baby und mich», antwortet sie und gibt ihrer Stimme Festigkeit, um ihre Lüge glaubhaft klingen zu lassen. «Seine Schwester lebt in Sfax. Da plane ich, niederzukommen.»

«Im wievielten Monat sind Sie?», fragt Sharif.

«Im siebten.»

«Bravo. Das sieht man gar nicht», sagt Mouillon.

«Und Ihr Mann hat Sie so kurz vor der Entbindung allein reisen lassen?»

«Er ist Beamter an der tunesischen Botschaft in Tripolis. Seine Regierung hat angeordnet, nur die für das Funktionieren der Kanzlei erforderlichen Angestellten vor Ort zu lassen und die Familien in die Heimat zurückzubringen.»

«Hätten Sie nicht mit den Botschaftsattachés ein Flugzeug nehmen können, als noch Zeit war?»

«Warum muss ich auf all diese Frage antworten?»

«Damit wir Sie beschützen können, das ist doch ganz normal.»

«Ich bin von Geburt aus Libyerin, und die tunesische Staatsangehörigkeit, die ich durch meine Heirat angenommen habe, wurde von der Flughafenpolizei nicht rechtzeitig anerkannt. Ich bin aufgehalten worden, und dadurch habe ich den letzten Flug verpasst. Glücklicherweise hat mein Mann von einem Konvoi zur tunesischen Grenze erfahren, der gegen Bezahlung Fahrgäste mitnähme. Bei diesem Konvoi handelte es sich um Chino. Deshalb bin ich bei Ihnen.»

«Ich hoffe, Sie haben die richtige Entscheidung getroffen.»

«Ich bedaure nur die Begleitung dieses Scheißkerls», sagt sie und zeigt auf den Doktor.

«Ich weiß», feixt dieser, «ich störe.»

«Sie müssen sich ausruhen, das war ein anstrengender Tag.»

«Wenn wir doch nur endlich da wären…»

«Und Sie, Mademoiselle?», fragt Henri an Salima gewandt.

«Ich antworte genauso wie Sie. Was ich mache, tut nichts zur Sache.»

«Aber es hat einen Preis», sagt Sharif und wischt sich den Mund ab.

«Doktor!», ruft Salima, ohne auf die Anspielung einzugehen. «Wollen Sie nichts trinken?»

«Bleiben Sie mir mit Ihrem Gesöff vom Leib», brummt der Doktor, ohne von seiner Pritsche aufzustehen, «ich habe meinen eigenen Vorrat.»

Und um seine Antwort zu untermalen, lässt er eine Flasche klirren.

«Sie haben uns Ihren Namen noch nicht genannt», hakt Sharif nach.

«Mein Name? Kenneth Hitchcock! Hitchcock, wie der andere.»

«Engländer?», fragt Mouillon.

«Gott behüte! Ich bin Kanadier, und die britische Krone kotzt mich an.»

«Schnauze!»

«Ich weiß. Ihr Franzosen mögt die Könige und vor allem die Königinnen der anderen gern. Aber euren eigenen habt ihr den Kopf abgeschlagen. Ich für meinen Teil finde, dass wir uns daran ein Beispiel nehmen sollten.»

Als das Essen beendet und noch niemand schläfrig ist, kommt das Gespräch auf das Blutbad von Misrata, die Massaker an der Bevölkerung in Syrien und im Jemen, Fukushima, die Gefahren der Radioaktivität, den Tod Ben Ladens und der Zeit, die es dauern wird, um das

Land von dem *Pourriture*, seiner Familie und seiner Sippschaft zu befreien. Für Sharif weniger als einen Monat. Für Mouillon sechsmal so lange. Er glaubt nicht an die europäische Einmütigkeit in der Frage und behauptet, dass es früher oder später schwerwiegende Unstimmigkeiten über die Weiterführung der Kämpfe und die Unterstützung der Patrioten geben wird.

Das Licht einer Taschenlampe tanzt flackernd die Treppen hinab und lässt undeutlich die schwere Silhouette der Hotelchefin erkennen.

Der Lichtstrahl schweift von einem Reisenden zum nächsten, richtet sich auf Ousmanes Augen, erntet eine protestierende Grimasse, als er Hitchcocks Gesicht streift, wandert weiter, bleibt auf Salimas Gesicht hängen.

«Der Kommandant verlangt nach Ihnen.»

«Wie bitte?»

«Sie haben mich sehr gut verstanden. Tun Sie nicht so. Er lädt Sie ein, sein Zimmer zu teilen.»

«Und dann, was noch?»

«Das, meine Liebe, geht mich nichts an. Was mich angeht und jeden einzelnen von Ihnen ist, dass wir uns ihm gegenüber besser entgegenkommend zeigen, um uns Ärger zu ersparen, und wenn ich Ärger sage, untertreibe ich noch.»

Salima schirmt ihre Augen mit der Hand gegen den blendenden Strahl der Taschenlampe ab.

«Sagen Sie ihm, er soll sich zum Teufel scheren», sagt sie.

«Das werde ich ihm mit Sicherheit nicht sagen.»

«Sagen Sie ihm, was ich Ihnen sage.»

«Seien Sie nicht albern, meine Liebe.»

«Lassen Sie sie in Ruhe», sagt Henri. «Sie sehen doch, dass wir Schlaf brauchen.»

Die Chefin schenkt der Bemerkung keine Beachtung. Sie beugt sich zu Salima.

«Überlegen Sie es sich gut…»

«Ich sage es nicht noch mal. Sagen Sie ihm, dass es mir gut geht, dort, wo ich bin.»

«Na gut, Sie werden morgen früh abhauen, und zwar dalli. Ich will keine Geschichten bei mir.»

«Das haben wir fest vor», sagt Mouillon.

«Keine Sorge, Madame», fällt Sharif ein, «sobald wir den Reifen geflickt haben, sind wir wieder unterwegs.»

Die Chefin murmelt einen Fluch in der Sprache ihrer tscherkessischen Ahnen und steigt die Treppe wieder hinauf. Die Kieselsteine knirschen unter ihrem Gewicht, während der Schein der Taschenlampe sich oben verliert.

«Bravo», sagt Henri zu Salima, «Sie haben sie in ihre Schranken verwiesen, gut gemacht.»

«Hoffentlich kriegen wir wegen Ihnen keine Schwierigkeiten», sagt Sharif.

«Natürlich kriegen wir die, und zwar haufenweise», sagt Mouillon. «Fragt sich nur, wann.»

«Bis dahin sind wir längst weg.»

«Wenn er uns denn lässt.»

«Ich habe volles Vertrauen in Chino», sagt Sharif und überprüft erneut das Zahlenschloss an dem Rollkoffer, den er dem Doktor abgeluchst hat. «Er ist ein Schlaukopf, ein pfiffiger Kerl, Sie werden sehen, dass er uns gleich aufweckt, und morgen in aller Frühe sind wir in Tunesien.»

9

Doktor Hitchcock brabbelt unverständliche Worte im Schlaf, Lautmalereien ohne Hand und Fuß. Ab und zu richtet er sich plötzlich auf, aus dem Schlaf gerissen von seinem heftig knurrenden Magen, und schläft sofort wieder ein.

Henri Ventura schläft nicht, er kratzt sich.

Insektenbisse quälen ihn. Er zündet ein Streichholz an. Kleine Biester huschen in der Dunkelheit davon, suchen Schutz unter seiner Kleidung. Er springt auf die Füße, zieht sich vollständig aus, schüttelt Hemd und Hose aus, prüft, ob keine Wanzen mehr darin sind, bevor er sie wieder anzieht. Wie können die anderen bloß bei dieser Hinterhältigkeit schlafen? Es sei denn, das Ungeziefer hat es auf ihn persönlich abgesehen. Hier hält er es nicht länger aus. Es ist besser, unter freiem Himmel zu schlafen.

Mit ausgestreckten Armen tastet er sich blind voran, darauf bedacht, nicht gegen die Matratzen zu stoßen, die kreuz und quer auf dem Boden liegen. In dem Halbdunkel sind die Schlafenden nicht deutlich erkennbar und sehen aus wie liegende Figuren auf einem Grab.

Mouillon schnarcht, ihm kann er jedenfalls leicht ausweichen. Als er an der Matratze des Doktors vorbeikommt, kippt er seine Whiskyflasche um. Sie rollt scheppernd davon. Er hebt sie eilig auf. Hitchcock grummelt etwas wie: «Die Lanzette, die Lanzette», wacht aber nicht auf. Bevor er sie wieder hinstellt, nimmt Henri einen langen Zug Alkohol direkt aus der Flasche. Seine Kehle brennt. Ein weiterer kräftiger Schluck beruhigt sie wieder. Er fühlt sich besser und geht hinaus.

Die Nacht ist heiß. Der Himmel ist mit Sternen übersät. Nirgends hat er so viele in allen Größen gesehen. Er erkennt die Sternbilder, die er während seiner Ausbildung gelernt hat. Der große Bär, das Haar der Berenike, der Skorpion. Auf diesem Breitengrad wirkt die Windung der Milchstraße wie der Pinselstrich eines chinesischen Malers. Er muss plötzlich an die Menschen der Antike denken, die den Himmel voller Schrecken betrachteten, wenn der Tag sich senkte, und anbetungswürdige Geister und Götter erfanden, um sich das Phänomen zu erklären.

Er reißt sich aus seinen Gedanken. Aus der Richtung der Moschee kommt das Brummen eines Motors. Chino?, fragt er sich. Der Wüstenwind bringt in kurzen Böen etwas Kühle, schnell verflogen.

Salima sitzt rauchend auf einem Baumstumpf.

«Schlafen Sie nicht?», fragt er und setzt sich neben sie.

«Nein. Unmöglich. Die Hitze da drinnen bringt einen ja um.»

Er kratzt sich.

«Mich haben sie aufgefressen. Sie nicht?»

«Nein, ich habe meine Vorkehrungen getroffen. Ich habe mich mit einem Mittel eingesprüht, ich hätte es Ihnen anbieten sollen.»

Allein darüber zu reden verstärkt seinen Juckreiz.

«Kratzen Sie sich nicht», sagt sie, «sonst bluten Sie noch.»

Er zieht eine Schachtel Zigaretten aus seiner Hemdtasche, schüttelt eine heraus und nimmt Salima zart die Zigarette aus den Lippen, die sie gerade raucht, um sich seine anzuzünden.

«Haben Sie kein Streichholz?»

Eine blaue Rauchfahne entweicht seinen Lippen.

«In Afghanistan hatte ich einen Freund», sagt er. «In einer Nacht wie dieser, schwarz, sehr still, haben wir beide im Freien gesessen und uns unterhalten. Wir haben über einen Film gesprochen, *Hot Shots*. Wir haben uns an einige Passagen erinnert und gelacht. Er hat eine Zigarette angezündet. Die Flamme des Feuerzeugs hat sein Gesicht erleuchtet. In einer Mulde in den Bergen kauerte ein Taliban.»

«Hat er ihn umgebracht?»

Er nickt.

«Sie waren in der Armee, stimmt's?»

Er mustert das Gesicht der jungen Frau, ehe er antwortet.

«Da bin ich immer noch», sagt er schließlich.

«Ich dachte, die Koalition hätte beschlossen, keine Bodentruppen zu schicken.»

«Ich bin Pilot.»

«Flugzeugpilot?»

Er lächelt.

«Nicht Formel 1. Dafür bin ich zu groß.»

«Jagdflieger?»

Er nickt schweigend.

«Was machen Sie bei uns?»

«Ich bin über Tripolis abgeschossen worden, ich versuche, zurück über die Grenze zu kommen, um wieder zu meiner Einheit zu stoßen.»

Sie runzelt die Stirn auf der Suche nach einer Erinnerung.

«Ich erinnere mich an den Jubel in der Stadt, als das Gerücht ging, dass ein amerikanisches Flugzeug abgeschossen worden war», sagt sie und nimmt einen Zug aus ihrer Zigarette.

«Das war nicht amerikanisch, das war meins.»

Sie lacht nervös auf.

«Ich bin auf die Straße gerannt, ich habe gejubelt wie alle anderen, ich habe Gott gedankt und seinen Namen im Sprechchor gerufen. Ich musste so tun als ob, verstehen Sie, aber als ich das Grüne Buch geschwenkt habe, war mir zum Heulen.»

«Das Grüne Buch?»

«Das, in dem der Schwachsinn des *Pourriture* zusammengefasst ist.»

«Das behalten Sie für sich, nicht wahr?»

«Warum vertrauen Sie mir mehr als den anderen?»

«Sie haben dem Kommandanten die Stirn geboten. Das hat mir einiges über Sie verraten. Und außerdem wissen es schon zu viele. Chino weiß es, er hat mich versteckt. Sharif und Ousmane ebenfalls, das ist mehr als genug.»

«Das ist bescheuert. Ich hätte ihn nicht abblitzen lassen dürfen.»

«Aber Sie haben es getan.»

«Ich weiß nicht, warum.»

«Weil Sie Patriotin sind.»

Sie drückt ihre Kippe aus. Sie glüht im Wind, lässt einen Funkenschweif entweichen.

«Ich hatte keine Lust, wieder damit anzufangen.»

«Womit wieder anzufangen?»

Sie schüttelt traurig den Kopf.

Ein Hund bellt und löst eine Salve von entferntem Gebell aus.

Wieder Stille.

«Sie täuschen sich in mir», sagt sie.

«Das glaube ich nicht. Nicht, als ich von Leiden gesprochen habe.»

«In den Augen aller anderen bin ich eine Schlampe, weniger als nichts», schnaubt sie und vermeidet seinen Blick.

Er starrt sie einen Augenblick wortlos an.

Sie ringt um Fassung, nimmt eine weitere Zigarette, holt ein Feuerzeug hervor. Er nimmt es ihr aus der Hand und reicht ihr seine eigene Zigarette, damit sie ihre damit anzünden kann.

«Ich will Sie nicht verlieren», sagt er.

Sie dankt ihm mit einem Kopfnicken und bläst eine dünne Rauchfahne aus, während sie langsam die Lippen zusammenpresst.

«Ich war Schauspielerin», sagt sie.

«Kino?»

Kopfschütteln.

«Hier werden keine Filme gedreht. Hier wird Theater gemacht», erläutert sie. «Ich hatte meinen bescheidenen Erfolg, ich habe mit einem bedeutenden Schauspieler zusammengelebt, wir waren ein schönes Paar. Und dann hat mich ein Oberst eingeladen, sein Bett zu teilen, wie dieser Kommandant. Ich habe nein gesagt, genau wie heute Abend. Einmal, zweimal, dreimal. Da hat dieser Oberst meinen Mann umbringen lassen und die Einladung wiederholt.»

«Und dieser Oberst, das ist…?»

Kopfnicken. «Ja.»

Sie nimmt einen tiefen Zug, bläst den Rauch aus.

Gekreische. Ein Schwalbenschwarm schwirrt durch die Nacht, wechselt mehrfach die Richtung.

Er hebt den Kopf zu dem wundersamen nächtlichen Ballett. Sie kommen gerade aus Europa, denkt er und versucht, sich ihr Verhalten zu erklären, sie haben das Mittelmeer an einem Stück überquert und finden ihre Nester nicht wieder, auch keinen Ort zum Ausruhen oder sonst irgendetwas, das dem ähnlich sieht, was sie im letzten Frühjahr verlassen haben.

«Ich bin hingegangen. Einmal, zweimal, dreimal… Beim zehnten Mal bin ich nicht mehr kontrolliert worden, die Wachen kannten mich, und außerdem hatte ich einen Dauerpassierschein. Beim nächsten Mal habe ich das in meine Tasche gepackt.»

Sie öffnet die kleine Tasche, die sie über der Schulter trägt, und holt das Messer heraus, mit dem sie die Sandwiches geschnitten hat. Die Schneide ist scharf und spitz. Die Sterne spiegeln sich darin.

«Ich habe ihn im Schlaf damit überrascht und bin gegangen wie immer, ich wähnte ihn tot. Und dann hat die Polizei mich verhaftet.»

Sie schweigt, nimmt sich Zeit und beobachtet die Glut ihrer Zigarette.

«Ich dachte, ich würde sterben, aber das war mir egal. In Wirklichkeit glaubte ich das auch gar nicht… Die Polizisten wussten nichts von meiner Tat, sie war von der Residenz geheim gehalten worden, zweifellos, um kein Auseinanderlaufen der Armee auszulösen, die dem *Pourriture* treu geblieben war. Tatsächlich hatten die Damen der feinen Bourgeoisie in Tripolis mich denunziert. Sie waren dahinter gekommen, dass ich die Nächte in der Residenz verbrachte, wussten jedoch nicht, dass es mit dem *Pourriture* war. Für sie war es einfach, ich war eine Hure. Vielleicht bin ich ja wirklich eine Hure, na und? Was sind die denn? Eheliche Nutten, legitimierte Huren. Sie lassen sich von Männern aushalten und mit Schmuck, Kleidern und Schnickschnack bezahlen, die sie versklaven und zu Luxusgegenständen reduzieren.

«Die Eifersucht…»

«Das glaube ich nicht. Ich glaube eher, sie haben Angst, dass ich ihnen ihre Männer wegnehme, während sie fett, hässlich, vulgär und arrogant sind.»

«Ich hatte von Leiden gesprochen, aber ich wusste nicht, in welchem Ausmaß…»

«Wegen dieser Schlampen haben die Flics mich eingesperrt, vergewaltigt, geschlagen», murmelt sie schließlich… «Als sie genug von mir hatten, haben sie mich gehen lassen, und ich habe die Stadt verlassen. So bin ich hier gelandet.»

«Wussten die immer noch nicht Bescheid? Über den *Pourriture*?»

«Das wusste niemand.»

«Unglaublich.»

Sie deutet ein kurzes Lächeln an, das die Augen nicht erreicht. Ein von Müdigkeit gezeichnetes Lächeln.

«Wie gesagt. Die Regierung oder die Armee – das ist das gleiche – haben die Sache lieber unter Verschluss gehalten, um Zeit zu haben, ihre Macht zu zementieren, falls der *Pourriture* sterben sollte. Das glaube ich jedenfalls.»

«Und, ist er tot?»

«Das habe ich bis heute Abend geglaubt. Und jetzt nicht mehr, seit ich soeben erfahren habe, dass unser fetter Arzt ihn gerettet hat.»

Einen Augenblick lang betrachtet sie den mit Lippenstift beschmierten Zigarettenfilter.

«Warum erzählen Sie mir das alles?», fragt er.

«Sie waren ehrlich zu mir, ich bin es zu Ihnen.»

«Unter dem Vorwand der Ehrlichkeit versuchen Sie, sich für ich weiß nicht was zu bestrafen, Sie tun sich weh.»

Zwei Hunde knurren, fletschen die Zähne vor einem Aas, um das sie sich streiten.

«Die anderen wissen sehr gut, wer ich bin. Ich weiß nicht, wie sie es herausgefunden haben, aber sie wissen, was ich getan habe, auch wenn sie die Einzelheiten nicht kennen. Sie haben es als Einziger nicht gewusst. Wussten Sie es?»

«Nein.»

Henri sucht den Blick der jungen Frau, sie senkt den Kopf, verbirgt ihn in ihren Haaren.

«Sie sind mit ihm ins Bett gegangen, um ihn umzubringen, und nicht zum Vergnügen.»

«Und ich habe ihn nicht umgebracht.»

«Ich dachte immer, Schuldgefühl sei ausschließlich jüdisch-christlich», sagte er. «Ich wusste nicht, dass Muslime auch davon betroffen sind.»

«Glauben Sie nicht daran?»

«Woran?»

«An die Schuld, an die Erbsünde?»

Er zuckt mit den Schultern.

«Gott hat ja wohl Adam und Eva erschaffen, und das Erste, was er tut, ist, ihnen das Apfelessen zu untersagen. Warum nicht Birnen, warum nicht Radieschen? Oder Melonen oder Wassermelonen? Niemand hat eine Antwort darauf, dabei ist sie ganz einfach. Für denjenigen, der die Macht besitzt, für denjenigen, der sie sichern will, ist nicht das Regieren entscheidend, sondern das Verbieten, egal was. Hitler, Mao, Stalin, alle Diktatoren haben das sehr gut verstanden, ihre Macht ist umso größer, je mehr sie verbieten. Auf die Art setzen sie sich mit Gott auf eine Stufe.»

«Glauben Sie nicht an Gott?»

«Ich glaube an niemanden, der es sich zum Beruf macht, etwas zu verbieten, an niemanden, der aus Ihnen eine potentielle Schuldige macht.»

«Ich fühle mich nicht schuldig, mir wird übel bei dem Gedanken daran, dass ich getan habe, was ich getan habe, und dass er immer noch lebt.»

«Wenn er an Sie denkt, dann nicht in Bezug auf Besitzen, in Bezug auf Lust, er denkt an den Schmerz, der ihn auffrisst, er denkt an den Messerstich, an die Wunde, die sich nie wieder schließen wird.»

Sie lächelt.

«Sie sind lieb, Henri. Und auch ein wenig naiv, das mag ich an Ihnen. Von Anfang an.»

«Als Sie mich gesehen haben, wussten Sie gleich, dass ich lieb war, dass ich naiv war?»

«Nicht nur das. Ich habe auch gesagt, dass Sie mein Held sind, wissen Sie noch?»

«Finden Sie das immer noch?»

«Immer noch.»

Plötzlich blitzt am Horizont in Richtung Tripolis ein kurzer Feuerschein auf. Erst glauben sie an ein Gewitter, als es knallt und ein ohrenbetäubendes, anhaltendes Donnergrollen den Himmel in Glut taucht und ihnen die Eingeweide zuschnürt.

«Unsere Freunde», sagt er und legt die Arme um die Schultern der jungen Frau.

Zu Tode erschrocken flattern die Schwalben orientierungslos im Schein des Kanonenfeuers umher.

Eine Stimme lässt sie herumfahren.

«Ach, die Jugend…»

Wackelig, mit von Ankylose angegriffenen Gelenken, kommt Kenneth Hitchcock mit offenem Hemd heraus und kratzt sich die Blasen, die auf seinem Wanst anschwellen.

«Die Wanzen haben mich munter gefuttert.»

«Die müssen jetzt völlig blau sein», sagt Henri scherzhaft. «Ich weiß noch, dass man mir als Junge erzählt hat, dass Whiskey nach Wanzen schmeckt, und ich glaube, heute Abend schmecken nicht wenige von Ihren Wanzen nach Whiskey.»

«Sie machen mir sie fast sympathisch, wenn Sie das sagen», lächelt der Doktor und stupst die Steine mit der Schuhspitze beiseite, um ein Fleckchen freizuräumen. «Darf ich Ihr Zimmer teilen?»

«Königssuite!», ruft Salima, den Platz umarmend.

KENNETH HITCHCOCK

Als ich dem kleinen Kofferradio lauschte, das mir der Aufseher zu einem Wucherpreis vermietet hatte unter dem Vorwand, es sei verboten, habe ich von der Inhaftierung von Maitre Fathi Terbil erfahren, einem äußert sympathischen Rechtsanwalt, den ich damals bei gemeinsamen Freunden kennengelernt hatte, als er – wie er selbst sagte – die blutige Niederschlagung von 1996 untersuchte, während derer die Truppen des *Pourriture* nicht davor zurückschreckten, schwere Waffen einzusetzen, um eine Meuterei in eben jenem Al-Judaida-Gefängnis niederzuschlagen, in dem ich ein Urteil erwartete, zu dem es zweifellos nie kommen würde.

Wie bin ich dort gelandet?

Keine Ahnung.

Ich bin vor zweiundfünfzig Jahren und ein paar Zerquetschten in Vancouver in British Columbia, Kanada, geboren. Etwa zehn Jahre lang leitete ich eine Klinik, die sich auf plastische Chirurgie spezialisiert hatte, praktizierte dort und hatte mir als Chirurg eine solide Reputation erworben. Der Unfalltod meiner Frau und meiner beiden Kinder, die beim Absturz des Wasserflugzeugs, das sie auf die Victoria-Insel bringen sollte, wo mein

Schwager lebte, ertranken, hat mich in eine tiefe, bodenlose Verzweiflung gestürzt, von der ich mich nie wieder erholt habe. Zwei Jahre nach dem Drama hatte ich zwanzig Kilo zugenommen, soff wie ein Loch und war immer noch arbeitsunfähig. Wenn ich diesen Schock überleben wollte, musste ich Kanada verlassen. Ich habe meine Anteile an der Klinik für einen Apfel und ein Ei an meinen chinesischen Teilhaber, einen höchst kompetenten Chirurgen, verkauft und mich dem Kanadischen Rat für Internationale Zusammenarbeit zur Verfügung gestellt.

Mein erster Einsatz war in Bagdad.

Dort habe ich ein Programm der plastischen und orthopädischen Kiefer- und Gesichtschirurgie aufgebaut. Mein Team übernahm die Opfer von Anschlägen – zahlreich während der schlimmsten Zeit des Bürgerkriegs –, doch schon bald wurde ich wegen Alkoholproblemen – ja, ich trank seit dem Drama weiter – nach Nigeria geschickt, wo ich mich in Zonen mit gewalttätigen bürgerkriegsähnlichen Auseinandersetzungen wiederfand. Die Gesundheitseinrichtungen dort waren schwer zugänglich oder in schlechtem Zustand. Ich habe aus dem Nichts eine Unfallklinik gestampft, in der wir Patienten behandelten, die Schussverletzungen, Messerstichen, körperlicher Gewalt, Verkehrsunfällen oder Verbrennungen zum Opfer gefallen waren. Nach vier Jahren in dieser Mühle, erschöpft von der Arbeit und dem Klima und ausgequetscht wie eine Zitrone, schlief ich nicht mehr, wies meinen Vorgesetzten zufolge Symptome von Depression auf und trank Unmengen, um dem Druck standzuhalten. Ich bestätige das.

Als Folge eines ärztlichen Untersuchungsberichts wurde ich nach Tripolis geschickt, wo ich unter besseren Arbeitsbedingungen und mit geringerer Verantwortung eine bereits existierende Klinik mit kompetentem Personal übernahm, finanziert durch Veba Oil Company, deren Mutterhaus in Hamburg sitzt. Seriös.

Eines Nachts, als ich tief und fest schlief, flog meine Tür krachend auf, Männer stürmten mit vorgehaltenen Waffen herein, führten mich ab und warfen mich unter der grotesken Anschuldigung der Spionage für die deutsche Regierung ins Gefängnis.

Das war vor drei Monaten. Ich habe Fathi Terbil als Rechtsanwalt gewählt, weil wir uns sympathisch waren. Und nun erfuhr ich, dass er selbst festgenommen worden war.

Seine Verhaftung hat das Land entflammt.

Drei Tage später hat Benghasi, die Hauptstadt von Cyrenaica und mit über einer Million Einwohnern zweitgrößte Stadt dieses reizvollen Landes, sich befreit und die Polizei und einen Teil der Armee auf ihre Seite gezogen. Das hat mich nicht überrascht. Vom Hörensagen wusste ich, dass die Stämme dieser Provinz, treue Anhänger der mächtigen religiösen Bruderschaft der Senussi, die Konfiszierung der Macht durch einen einfachen Leutnant von den Kaddafedam, einem kleinen, in ihren Augen unbedeutenden Stamm, niemals hingenommen hatten.

Seit diesem Tag hatte ich gehofft, dass die Rebellen triumphierend in Tripolis einmarschieren und mich umgehend befreien würden, da ich von eben jenemUeckskerl verhaftet und eingesperrt worden war, gegen den sie kämpften. Aber ebenso gut konnten sie das Gefängnis in Brand stecken, ohne sich darum zu scheren, wer darin saß, Freunde oder Feinde. Kriege dieser Art folgen keiner Logik. Andere übrigens auch nicht.

Voller Hoffnung hörte ich einen tunesischen Sender, der verkündete, dass die Streitmächte der Revolution etwa vierzig Kilometer in Richtung Tripolis vorgerückt waren, als ich den hinkenden Gang des Gefängnisdirektors auf dem zementierten Flur erkannte, einem Mann mit grünen Augen, den Kopf ständig unter einer Kapuze wie ein benediktinischer Mönch und Träger eines stacheligen grauen Bartes wie Stahlwolle.

Ich habe das Radio ausgeschaltet und es schnell hinter dem Kübel für meine Notdurft verschwinden lassen.

Schlüsselrasseln. Die schwere Tür schwang auf. Der Direktor war in Begleitung eines Unbekannten, jung, äußerst elegant, europäisch gekleidet: Anzug, Krawatte, dazu passendes Einstecktuch.

«Folgen Sie mir», sagte der Direktor.

«Wozu?»

«Waschen Sie sich, machen Sie sich sauber», sagte der Unbekannte, «wir haben Kleider für Sie aufgetrieben.»

Mich waschen, wo ich bislang um ein Stück talgige Seife betteln musste, die nach Schafsfett stank? Kleider? Seit drei Monaten hatte ich sie nicht mehr gewechselt.

«Ich wiederhole meine Frage. Was verschafft mir die Ehre?»

«Ich bin der Gesundheitsminister», antwortete der Unbekannte gereizt, «hören Sie auf, Fragen zu stellen, und tun Sie, was man Ihnen sagt.»

Keine dreiviertel Stunde später fuhr mich – geduscht, rasiert und anständig gekleidet – der junge Minister im Auto zu einem Regierungsgebäude mit hohen Sicherheitsvorkehrungen.

«Unser Führer ist einem Attentat zum Opfer gefallen», sagte der Minister dann.

«Schwer?»

«Es besteht Lebensgefahr.»

«Haben Sie denn keine anderen Ärzte?»

«Doch, aber Sie sind Spezialist für diese Art Attentat.»

«Welche Art?»

«Messer. Nah am Herzen. Ja oder nein?»

«Hab ich eine Wahl?»

«Nein.»

Er führte mich durch die hochmodernen medizinischen und sportlichen Einrichtungen unter dem Bunker des Oberst: eine Zahnarztpraxis unter Leitung eines ungarischen Zahnarztes, ein Fitnessraum, ein riesiges Schwimmbecken und schließlich der Operationstrakt.

Der, den sein Volk den *Pourriture* nennt, lag mit aufgelöstem Gesicht unter einem Laken auf dem Operationstisch.

Ich erkannte die niedrige Stirn, die Augen eines Nagetiers, die körnige, schlaffe Haut, die wirre Körperbehaarung, die schlappen Lippen, die Haarimplantationen, die ihn nötigten, eine – oft lächerliche – Kopfbedeckung zu tragen.

«Ich will keine Narkose», murmelte er und drehte den Kopf zu mir hin.

Ich gab keine Antwort.

«Ich will nicht heimlich im Schlaf umgebracht werden», fügte er mit seiner atemlosen Stimme hinzu, und ich begriff, dass ich es mit einem Paranoiker zu tun hatte.

«Ich bin ja da», sagte ich, «Ihnen wird nichts passieren.»

Ich betrachtete die Röntgenaufnahmen und ließ meinen Blick über den Operationstrakt schweifen. Der Technik letzter Schrei.

Um mich herum war das medizinische Personal auf ein Minimum reduziert, zweifellos, um zu verhindern, dass die Nachricht über seinen Zustand diese vier Wände verließ. Alle sprachen englisch, alle waren Ausländer. Der Anästhesist war Serbe, sein Assistent Russe. Von den drei Krankenschwestern war eine einzige Libyerin.

Sie war schwanger, und das überraschte mich. Ihr Bauch sprang nicht hervor, so dass ihr Zustand jedem anderen entgehen mochte, aber nicht mir als Arzt. Die Hormonveränderungen waren auf ihrer Haut und an ihren Haaren zu erkennen.

«Im wievielten Monat?», fragte ich.

Die Augen des *Pourriture* wurden zu Schlitzen in den verquollenen Lidern.

«Geh», sagte er zu der Krankenschwester, und dieser eine Befehl schien sie fertig zu machen.

Sie wurde sofort rausgeschickt.

Ich hob das Laken hoch, deckte die Wunde auf.

Das Messer war bis zum Heft eingedrungen, knapp unter dem Herzen. Nach der Röntgenaufnahme zu urteilen hatte die Klinge es um einige Millimeter verfehlt.

«Bringen Sie mir eine Flasche Scotch und ein Glas»,

sagte ich und machte eine Bestandsaufnahme der Instrumente, die man mir reichte.

«Nein, danke», murmelte der *Pourriture* unangebrachter Weise.

Blödmann.

«Das ist für mich», sagte ich.

10

Der erste Sonnenstrahl taucht auf, rötlich und waagerecht, geht zwischen den niedrigen, zerschossenen Häusern hindurch und fällt auf Henris Gesicht, der an Salima geschmiegt auf der Erde schläft.

Er schlägt die Augen auf, löst sich langsam von der jungen Frau, um ihren Schlaf nicht zu stören.

Doktor Hitchcock, der schon ein Weilchen auf den Beinen ist, neigt sich zu ihm, rüttelt seine Schulter, reißt ihn aus seiner Benommenheit.

«Chino ist nicht zurückgekommen», sagt er.

Der Pilot streckt sich langsam, reckt seine Glieder, um sie zu lockern.

«Der Boden ist hart.»

«Haben Sie mich gehört?»

Ventura gähnt, ehe er antwortet.

«Er schläft bestimmt in seinem Wagen», sagt er und reibt sich die Knie.

«Den Wagen sehe ich auch nicht.»

«Dann hat er es wohl nicht geschafft, ihn zu reparieren. Was soll ich schon dazu sagen?»

Sie sprechen leise, um die junge Frau ja nicht zu wecken.

«Was halten Sie davon?», fragt der Doktor.

«Da kann ich nichts mit Sicherheit sagen, außer, dass sich ein Reifen besser am Tage wechseln lässt als bei Nacht. Legen Sie sich wieder hin, er kommt bestimmt bald.»

«Ich bewundere Ihren Optimismus. Ich glaube vielmehr, dass er ihn repariert hat und in aller Ruhe nach Tripolis zurückgefahren ist, um sein Geld auf die Bank zu bringen.»

«Nicht, nachdem er einem Soldaten eine Kugel in den Kopf verpasst hat.»

«Es ging zu schnell, um erkannt zu werden.»

«Er vielleicht nicht, aber der Wagen ganz gewiss.»

Ein gelber Hund nähert sich Salima und schnüffelt an ihr.

Ventura hebt einen kleinen Stein auf, wirft ihn, trifft das Tier am Hintern.

Der Hund haut ab, läuft zehn Meter, bleibt stehen und dreht sich abrupt um. Er schaut Ventura empört an.

Der Pilot tut so, als wollte er noch einen Stein nach ihm schmeißen.

Diesmal verduftet der Hund endgültig.

«Sie bringen sich um einen Freund», sagt Hitchcock und putzt sich die Nase.

«Er hätte sie geweckt.»

Er macht ein mürrisches Gesicht und wendet sich langsam ab, um das Schauspiel des Sonnenaufgangs zu genießen.

«Es ist einfacher, einen Hund zu verjagen als einen Diktator. Ein Stein reicht, damit er den Schwanz einklemmt und abhaut. Für einen Diktator braucht man die Zustimmung aller Nationen, man muss quatschen, warten, bis es Tausende von Toten gibt. Dann, aber erst dann, schmeißt man ihm die Tausenden von Tonnen von Bomben auf die Birne, die so viel kosten, dass man einen ganzen Kontinent davon ernähren könnte. Woraus folgt, dass es besser ist, von einem Hund regiert zu werden. Man wird ihn leichter los, wenn er anfängt, sich für Gott in Person zu halten.»

«Sie haben recht», sagt Henri, «bei den nächsten Wahlen werde ich meinem Hund vorschlagen zu kandidieren.»

«Von welcher Partei ist er?»

«Rauhaardackel.»

«Wie heißt er?»

«Pirat.»

«Versichern Sie ihn meiner Stimme, wenn Sie ihn sehen.»

«Ich werde es nicht vergessen.»

Die rote Kappe der Sonne taucht plötzlich hinter einer eingefallenen Mauer auf. Das Licht ändert sich sogleich, wird heller, und als hätte es nur darauf gewartet, erhebt sich wachsendes Geschrei. Ausrufe, Sammelbefehle, Geschirrgeklapper, startende Motoren, hallende Schritte.

Salima bewegt sich, wacht auf.

Henri hilft ihr aufzustehen.

«Gut geschlafen?»

«Wie ein Fakir auf einem Nagelbrett», sagt sie und klopft sich den Staub von den Kleidern.

«Immer noch besser, als bei lebendigem Leib gefressen zu werden…»

Sharif kommt aus dem Hotel mit einem blutigen Tempo-Taschentuch im Gesicht dort, wo er sich beim

Rasieren mit kaltem Wasser geschnitten hat. Mouillon und Wardia folgen und klopfen sich mit unkontrollierten Gebärden die Kleider ab, um die Wanzen loszuwerden. Einige der kleinen Tiere, nicht größer als Apfelkerne, purzeln heraus. Mouillon zerquetscht sie mit seiner Sandale.

«Ich habe ein Frühstück mit dem Patron des Hotels ausgehandelt», verkündet Sharif und lüftet sein Hemd, «aber man muss tief in die Tasche greifen, das ist glatt so teuer wie in einem Luxushotel.»

«Und er nimmt keine Kreditkarte», bemerkt Mouillon ironisch.

«Und auch keine Schecks», setzt Sharif im selben Ton einen drauf, «das ist gegen alle Geschäftsregeln, ich werde ihn verklagen.»

«Ist Chino nicht da?», wundert Wardia sich, als ihr bewusst wird, dass weder Land Cruiser noch Fahrer vor der Tür sind.

Kopfschütteln.

«Hat jemand seine Handynummer?»

«Ich», sagt Mouillon und nimmt sein Handy. «Kann ich?»

Er wechselt einen Blick mit Henri Ventura, wartet auf seine Zustimmung.

«So wie die Lage jetzt ist», sagt der Franzose schulterzuckend.

Mouillon zieht sein Adressbuch zurate, drückt auf eine Taste.

«Der gewünschte Gesprächspartner ist zur Zeit nicht erreichbar», liest er nach mehrmaligem Klingeln auf dem Display.

«Hat er keine Mailbox?»

Kopfschütteln.

«Mein Gott, wie lange sollen wir denn in diesem Kaff rumhängen?», jammert Salima.

«Ich», sagt Sharif, «bleibe jedenfalls nicht eine Stunde länger hier. Ich gehe zu Fuß, und Sie sammeln mich unterwegs ein.»

«Alles Gute», brummelt Hitchcock und klatscht sich in den Nacken, um eine Fliege zu verjagen.

«Sie reden Blödsinn», sagt Mouillon. «Bei all den Habenichtsen auf den Straßen haben Sie keine Chance. Sie kommen keine zehn Kilometer weit, bevor die Ihnen die Kehle durchschneiden, um Ihre Knete zu klauen.»

Sie schweigen und werfen sich verstohlene Blicke zu, sprachlos.

Im ersten Stock dringt ein Lied aus dem gähnenden Loch, das früher einmal ein Fenster war, als der Ort noch wie ein Hotel aussah.

«Hat der Drecksack etwa Strom?», staunt Mouillon.

«Nein, das ist sein Laptop», sagt Sharif.

«Mona Lisa», sagt Hitchcock, «von Harry Connick junior.»

«Wer?»

«Der jämmerliche Schnulzensänger. Er ist für den Jazz, was Utrillo für die Malerei ist.»

«Wer kommt denn bloß auf die Idee, sowas mitten im Krieg zu hören?», wundert Sharif sich.

«Na wer wohl?», prustet Hitchcock los. «Unser Kommandant.»

«Ist der etwa sentimental?»

«Den Eindruck hatte ich nicht», sagt Ventura und nimmt Salima in den Arm.

Sie machen lachend ein paar Tanzschritte.

Die Musik verklingt.

Eine hochgewachsene Gestalt zeichnet sich im Gegenlicht vor der Türöffnung ab. Noch ein Schritt, und Kommandant Hajj Ahmet erscheint im vollen Licht. Er verlässt das Gebäude, glatt rasiert, sorgfältiger gekleidet als am Vortag, den Ziegenledermantel über eine Schulter gestülpt. Er geht blick- und wortlos an den Reisenden vorbei und davon.

Ein tarnfarbener Wrangler-Jeep mit offenem Verdeck hält in einer ockerfarbenen Staubwolke vor der Umfassungsmauer.

Der Kommandant steigt ein, setzt sich auf den Beifahrersitz und gibt dem Fahrer einen Wink, loszufahren.

Er dreht sich um, fängt Salimas Blick auf, hält ihn einen Moment fest.

Der Jeep fährt in dem Licht der flachstehenden Morgensonne davon, gefolgt von seinem Schatten.

Alle schauen ihm nach.

«Er hat Sie angesehen», sagt Sharif.

«Er hat uns alle angesehen», erwidert Salima.

«Nicht so.»

«Das reicht», sagt Ventura.

Mittags haben sie immer noch keine Nachrichten von Chino, und sein Handy bleibt hoffnungslos stumm.

11

Ousmane sitzt, den Mund voller Nägel, hoch oben auf einer Trittleiter, der ein Tritt fehlt, und beendet die Befestigung einer Wagenplane an einem Deckenträger. Die Hammerschläge lösen ganze Gipsplatten, die weißliche Staubwolken aufwirbeln, als sie auf dem Boden aufschlagen und zerbrechen. Er setzt die Nägel in regelmäßigen Abständen und befestigt die Ösen der Plane daran. Nach vollbrachter Arbeit springt der Tschader zu Boden und gibt dem Hotelchef den Hammer zurück.

Die Plane, die den Bereich der Frauen von dem der Männer trennt, fällt bis auf wenige Zentimeter über den Boden und gewährt beiden den Hauch einer Intimsphäre.

«Gestern Abend konnte ich das nicht machen», sagt Moukhtar und klappt die Trittleiter wieder zusammen, «es war zu dunkel, und ich wusste ja auch nicht, dass Sie bleiben würden.»

«Das ist nett von Ihnen, danke», sagt Salima und kauert sich neben Wardia.

Die junge Frau liegt mit bleichem Gesicht auf ihrem Lager, hält sich mit der einen Hand den Bauch und fächert sich mit der anderen Luft zu.

«Mir ist nicht gut», sagt sie mit tonloser Stimme.

«Das ist die Hitze», erklärt Salima und befühlt ihre Stirn. «Stehen Sie da nicht länger rum», ruft sie den anderen zu, «gehen Sie weiter weg, Sie sehen doch, dass sie Luft braucht.»

«Sie braucht vor allem etwas zu essen», sagt Hitchcock und zuckt mit den Schultern. «Es gibt ein Sprichwort unter Radfahrern, das besagt, wenn Sie keine Beine zum Strampeln haben, kommen Sie auch nicht auf die Idee, ein Fahrrad zu kaufen. Warum also wollen Sie ein menschliches Wesen in die Welt setzen, wenn Sie nichts zu futtern haben?», fügt er hinzu und kratzt sich grimmig im Schritt, wo die Flöhe am schlimmsten gewütet haben.

«Lassen Sie uns allein», wiederholt Salima mit spröder Stimme.

Sie dreht sich wieder zu dem Hotelpatron um, der sich zum Gehen wendet.

«Bitte, beschaffen Sie ihr etwas zu essen.»

«Wir haben nichts, nicht einmal ein Stück Brot.»

«Sie könnten uns wenigstens Nachrichten von unserem Fahrer bringen», sagt Sharif. «Wenn er hier wäre, wäre er beweglicher als wir, er würde sich schon zu helfen wissen und etwas auftreiben.»

«Ich weiß auch nicht mehr als Sie.»

«Ich kann auch losziehen», sagt Ousmane, «aber ich hab kein Geld.»

Ventura bedeutet ihm, sich nicht von der Stelle zu rühren.

«Als Sie heute Morgen hinausgegangen sind», fragt er den Patron, «haben Sie doch sicher unseren Wagen gesehen?»

Moukhtar schüttelt den Kopf.

«Es ist nicht einfach, einen Reifen zu flicken», sagt er, «es gibt keinen einzigen Ersatzreifen mehr. Es ist alles beschlagnahmt worden, erst von der loyalen Armee, dann von den Rebellen, dann wieder von der loyalen Armee. Wir haben jetzt zum vierten Mal neue Besetzer, da ist nichts mehr übrig.»

«Versuchen Sie, ihn zu finden», insistiert der Pilot. «Bringen Sie in Erfahrung, wie lange das noch dauert, damit wir wissen, woran wir sind.»

«Wir können unmöglich hier bleiben, wenn wir nicht wissen, wie es weitergehen soll», sagt Sharif. «Haben Sie den Toyota wirklich nicht gesehen?»

Schulterzucken.

«Ich hab doch schon gesagt: nein.»

«Wahrscheinlich haben sie ihn festgenommen», sagt Mouillon, «und den Wagen beschlagnahmt.»

«Es bringt nichts, einen Haufen Fragen zu stellen, wenn wir keine Antwort haben», sagt Hitchcock.

«Er hat recht», stimmt der Patron zu. «An Ihrer Stelle würde ich ruhig abwarten, das wird schon werden, so Gott will.»

«Bitte», sagt Sharif und zieht einen Geldschein aus seiner Brieftasche. «Erkundigen Sie sich. Und wenn Sie bei der Gelegenheit etwas zu essen erstehen könnten, würden wir nicht nein sagen. Die haben doch bestimmt Vorräte.»

Moukhtar zögert. Sein Blick wandert von einem zum anderen.

«Ich kann Ihnen nichts versprechen», sagt er und nimmt den Schein. «Will jemand mitkommen?»

«Ich», bietet Salima an.

«Keine Frau. Er», sagt der Patron und zeigt auf Ousmane.

«Das ist zu gefährlich», sagt Ventura, «er kennt hier niemanden. Er ist Ausländer, die Soldaten werden ihm ans Leder wollen.»

«Ich gehe trotzdem.»

«Das ist keine gute Idee.»

«Ich gehe trotzdem», sagt Ousmane und folgt dem Hotelpatron auf dem Fuß. «Chino ist wie ein Bruder für mich.»

OUSMANE ELMALIK

Wie Tausende von Tschadern, die vom Hunger und den Repressalien der Rebellenarmeen aus dem Sudan getrieben wurden, habe ich mein im Krieg befindliches Land verlassen, um in Frieden zu leben, und ich war überzeugt, ihn bei dem Nachbarn im Norden zu finden. Wie ich mich doch getäuscht hatte! Ich habe noch nie so viele Tote gesehen wie während meiner Reise, und zwar Tote ohne Begräbnis, den Tieren überlassen. Auf dem Boden, vom Wind gepeitscht, hier und da zwischen Dornenbüschen verstreut. Da waren in zerfetzte Decken gehüllte, in sich zusammengeschrumpfte Leichen unter einer Schicht von Sand, den der Wind mitführte, die offenen Münder voller Staub und Insekten, die Zungen geschwollen. Die anderen, die weniger Glücklichen – denn auch im Tod gibt es wohl einen Glücksanteil – waren von Schakalen und allen möglichen anderen Aasfressern, von denen es in der Wüste nur so wimmelt, teilweise angefressen worden.

Genau wie diese armen Menschen hatte ich Faya-Largeau in der Hoffnung verlassen, eine gut bezahlte Arbeit zu finden und eines Tages mit genug Geld zurückzukehren, um mir eine junge, unberührte Frau und eine Schafherde zuzulegen. Wie sie war ich ein Maba aus der Region Wadai, dem antiken, untergegangenen Königreich, das berühmt geworden ist, seit dort ein fossiler, sieben Millionen Jahre alter Schädel eines Menschen gefunden wurde, der als ältester der Welt betrachtet wird.

Bestimmt mein Vorfahr.

Der Urahn der Schöpfung.

Ich bin sicher, wenn er sprechen könnte, würde er sagen, dass die Sahara zu seiner Zeit keine Wüste war, dass das Land allen Menschen gehörte, dass sie fruchtbar genug war, um sie alle mit den Fischen in den Seen, dem Wild in den Wäldern und den Früchten in der Ebene zu ernähren. Er würde sagen, dass die Götter zu seiner Zeit zahlreich und gnädiger waren.

Heute gibt es nur noch einen, und der ist unbarmherzig.

Mein jüngerer Bruder Hiréké, mit dem ich zusammen aufgebrochen war, ist in der Wüste geblieben, eingemummt in eine graue Decke. Der Tod hat ihn im Schlaf mit dem rechten Arm unter dem Kopf überrascht. Seine Kräfte und seine Jugend waren den Masern, den schlechten Reisebedingungen, der Unterernährung und der Dehydration nicht gewachsen. Ich habe geweint, dann habe ich den Gebetskranz, den ich um den Hals trug, abgenommen und um sein Handgelenk gelegt, um diesen alleinigen Gott daran zu erinnern, dass Hiréké ein guter Sohn gewesen war, ein guter Bruder, ein guter Moslem, und dass er das Leben seines uralten Vorfahren verdient gehabt hätte. Also, wenn sie da oben miteinander reden könnten, wäre ich tief bewegt.

Als die libysche Polizei mich verhaftet hat, weil ich

ein Gerstenbrot gestohlen hatte, waren meine Taschen leer, und ich hatte keinerlei Ausweispapiere.

Fünf Tage später hat ein Luftangriff einen Teil des Gefängnisses zerstört, in dem ich inhaftiert war. Ungewollt landete ich wieder draußen, voller Schutt, verstört, zitternd vor Angst, wie Sie es sich nicht vorstellen können.

In meinem armen Kopf herrschten Fliegengesumme, Hundegebell, Aufrufe zum Gebet, Hupen, Lautsprecher, Trommelwirbel, plärrende Radios, meine Herzschläge – ein Magma aus Geräuschen, ein Kaleidoskop aus Schreien, ich war ganz benommen.

Ich habe die Straße wie ein Zombi überquert. Kreischende Bremsen, quietschende Reifen. Ein Land Cruiser hat mich an der Seite erfasst und mich in den Rinnstein geschleudert.

Der Fahrer ist weitergefahren, er hat sogar beschleunigt, es war nicht seine Schuld.

Er war ein feiner Kerl, er hat ein schlechtes Gewissen bekommen, gebremst, zurückgesetzt, mich aufgesammelt, gefragt, ob ich auch nichts gebrochen hätte, nein, nein, alles gut, danke.

Er hieß Chino, er wollte mich an einem Krankenhaus absetzen.

Ich habe aufgeschaut, die Augen weit aufgerissen, Schweiß auf der Stirn.

«Nein! Haben Sie Erbarmen, nein!», habe ich gesagt, «Ich will nicht wieder ins Gefängnis.»

12

Ousmane befragt die tschadischen Soldaten in ihrer Sprache, aber da in seinem Land fast 120 Sprachen existieren, trifft er nie die richtige. Wenn er sie auf Ngambai anspricht, antworten sie auf Musgum, und wenn er sich trotz seiner geringen Praxis bemüht, Massa zu sprechen, antworten sie auf Bideyat. Schließlich benutzt er Französisch, eine der beiden offiziellen Sprachen im Tschad neben Arabisch, aber Arabisch vermeidet er, weil er nicht möchte, dass der Hotelpatron sich in die Gespräche mischt.

Ein Landsmann schickt ihn zu einem Freund, der für die Wartung eines M1 Abrams Panzer zuständig ist.

«Chino sagst du, Bruder?»

«Ja», bestätigt Ousmane. «Er kommt aus Ghat.»

«Hab ich nicht gesehen. Du, hast du ihn gesehen?», fragt er seinen Kameraden, einen Mann mit somalischem Einschlag.

«Nein.»

«Er fährt einen Land Cruiser, er ist gekommen, um einen Reifen zu reparieren.»

«Was für einen Land Cruiser, welches Model?»

«Einen mit einer Hand, die an der Windschutzscheibe baumelt.»

«Fehlt ihr ein Finger?»

«Ja!», ruft Ousmane mit hoffnungsvoller Stimme.

«Er ist vorbeigekommen, er hat einen Mechaniker gesucht, den ich nicht kenne.»

«Farag», erläutert Ousmane.

«Ja, genau», bestätigt der Somalier. «Farag.»

«Dann such Farag, und du findest deinen Freund» sagt der Tschader, der es eilig hat, das Gespräch zu beenden, und steigt wieder auf den Panzer.

«Möge Gott dich am Leben halten», sagt Ousmane und verlässt die beiden.

Zwei Stunden später kommen sie unverrichteter Dinge zurück.

Es ist ihnen nicht gelungen, den Mechaniker namens Farag zu finden, zu dem Chino gegangen sein soll, um den Toyota zu reparieren, und niemand konnte ihnen auch nur den kleinsten Hinweis über den Fahrer geben, aber sie bringen Grießbrot mit, rund und sehr flach, und einen Plastiknapf mit angeschlagenen Rändern, der eine Art kaltes Ragout enthält, auf dessen Oberfläche kleine Stücke Hammelfleisch und undefinierbares Gemüse schwimmen, so zerkocht ist es.

Bei seiner Ankunft hat Ousmane den Inhalt des Napfes in den großen Aluminiumbehälter geschüttet, der über Nacht als Pissoir gedient hatte, und den er vorher gründlich ausgespült hat. Dann hat der Hotelchef ihn hinter dem Rücken seiner Frau auf seinem Gasherd im Obergeschoss aufgewärmt.

Moukhtar ist eigentlich ein anständiger Mann und wäre es noch mehr, wenn sie ihn nicht zwingen würde, den Habgierigen zu spielen.

Ohne länger zu warten, lädt Sharif seine Reisegefährten ein, rund um den Behälter Platz zu nehmen.

Sie hocken sich im Kreis nieder, mit dem Hintern auf den Fersen oder im Schneidersitz. Sie nehmen ein Stück Brot in die Hand, tauchen es in das Ragout und versuchen, mit dem Daumen ein Stück Fleisch zu ergattern, ohne sich zu verbrennen.

Niemand denkt daran, Doktor Hitchcock von draußen zu rufen.

«Der Hotelpatron ist ein Dieb», sagt Ousmane kauend, «er hat das Geld behalten. Viel.»

«Ja, das hab ich mir schon gedacht», sagt Sharif.

«Ich hab den Eindruck, er hat noch nie so viel Kohle verdient wie mit uns, und das bei minimalem Einsatz», sagt Mouillon und lässt seine Hand rund um den Ort schweifen.

Im Hintergrund steckt Salima sich eine Zigarette an.

«Setzen Sie sich zu uns», sagt Ventura und stupst Sharif an, um ihr Platz in dem Kreis zu machen.

«Ich mache Sie darauf aufmerksam», sagt Sharif, «dass ich diese Mahlzeit bezahlt habe, und ich lade ein, wen ich will.»

«Ihr Sandwich gestern Abend haben Sie nicht verschmäht, soviel ich weiß? Kommen Sie, Salima.»

«Wer weiß, womit sie es bezahlt hat?»

Der Franzose springt auf.

«Willst du eine in die Fresse?»

Sharif tunkt gleichmütig weiter Nahrung auf.

«Und was ändert das, wenn Sie mir die Fresse polieren?», sagt er, während ihm die Soße vom Mund tropft. «Kommen Sie dadurch schneller weg?»

Er steht auf und wischt sich mit dem Ärmel die Lippen ab.

«Ich will Ihnen sagen, wie wir wegkommen, und darüber sind sich alle hier einig – unter uns sprechen wir doch über nichts anderes –, und zwar, wenn sie dem Kommandanten einen bläst!»

Henris Faust reckt sich. Mouillon hält ihn zurück.

«Immer mit der Ruhe», sagt er «das bringt doch nichts.»

«Zumindest nichts, worauf ihr stolz sein könntet», sagt Ventura und verlässt den Kreis, um zu Salima zu gehen.

«Ich spreche nur aus, was alle denken», sagt Sharif an die junge Frau gewandt. «Tun Sie, was man Ihnen sagt, bitte, hören Sie mit Ihrem Theater auf.»

Er hockt sich sofort wieder hin, isst weiter.

«Sie, der Sie so schlau sind, der Sie so gut wissen, was zu tun ist: Bieten Sie dem Kommandanten Ihre Kohle an», sagt Ventura. «Dann wird er uns gehen lassen.»

«Denken Sie, daran hab ich nicht auch schon gedacht? Natürlich hab ich daran gedacht. Aber wenn ich das tue, gehe ich allein.»

«Und wenn ich mit diesem Schwein schlafen sollte», sagt Salima und zeigt mit dem Finger an die Decke, «garantiere ich Ihnen, dass Sie bei der Reise nicht dabei sein werden.»

«Schluss jetzt!», sagt Henri drohend.

«Wenn sie nicht isst, dann esse ich auch nicht», erklärt Wardia und versucht aufzustehen, woran Mouillon sie hindert. Er drückt sie zurück auf ihren Platz.

«Damit das ein für alle mal klar ist zwischen uns»,

sagt Salima. «Wenn ich das Angebot des Kommandanten annehmen sollte unter der Bedingung, dass er uns gehen lässt, werde ich ihm sagen, wer mit mir kommen darf und wer nicht. Das werde ich tun, ich schwör's Ihnen.»

Alle senken den Blick und essen schweigend.

«Kommen Sie essen», sagt Wardia.

«Nein, danke. Soll er zur Hölle gehen.»

Ventura bückt sich, tunkt ein Stück zusammengeklapptes Fladenbrot in das Ragout. Das hart gewordene Fett hat gelbliche Flecken auf der Oberfläche gebildet. Er fischt ein Stück Fleisch heraus und reicht es der jungen Frau.

«Guten Appetit», sagt Doktor Hitchcock mit donnernder Stimme, als er den Raum betritt. «Sie werden entschuldigen, dass ich nicht früher gekommen bin, um dieses feudale Mahl mit Ihnen zu teilen, ich habe die Glocke nicht läuten hören.»

13

Am Nachmittag gibt es immer noch keine Neuigkeiten von Chino.

Doktor Hitchcock und Mouillon sind bereit zu wetten, dass er nicht mehr wiederkommen wird. Sharif hält dagegen, weniger aus Überzeugung, als um ihre freudlose Situation ein wenig annehmlicher zu machen.

«Ich vertraue nur den Hunden, weil sie keine Versprechen geben und somit auch nicht verpflichtet sind, sich daran zu halten», sagt Hitchcock und schüttelt seine Whiskyflasche, um sich zu vergewissern, dass noch ein Rest übrig ist.

«Er hat den Reifen repariert, ist mit vollen Taschen weitergefahren und hat uns sitzenlassen», stimmt Mouillon zu und macht mit seiner Digitalkamera eine Porträtaufnahme von ihnen allen, um eine Erinnerung an ihre Odyssee zu haben.

Das Foto des Doktors ist beeindruckend. In der Nahaufnahme sieht seine Nase aus wie eine farbige Karte von Google Earth mit Wasserläufen, Hügeln und Feldwegen.

Niemand will auf Salima hören, die behauptet, dass Chino tot ist, ebenso wenig wie auf Ventura, der ihnen die Treue des Fahrers zusichert, und zwar aus gutem Grund: Er erinnert sich noch an die Umstände, unter denen er ihm sein Leben verdankt hatte. Er beruft sich auf Ousmane, der mit heftigem Kopfnicken zustimmt, aber auch ihm hört keiner mehr zu.

«Das wäre zu schrecklich», versichert Wardia, deren Gesundheitszustand sich in wachsender Angst bemerkbar macht, «er kann nicht tot sein, das ist unmöglich. Das würde Gott nicht zulassen.»

Doktor Hitchcock macht sich einen Spaß daraus, ihre Angst zu schüren und stellt eine hirnrissige Hypothese auf, der zufolge sie als Geiseln an eine Gruppe Islamisten verkauft worden wären, die von ihren jeweiligen Regierungen ein Lösegeld verlangen würde, um von Israel Waffen kaufen zu können.

«Hören Sie mit dem Blödsinn auf», erhebt Mouillon Einspruch, als er die junge Frau erblassen sieht.

Sei es nun die Hitze, die Angst, die Provokation des Doktors oder die Wendung, die die Unterhaltung nimmt – Wardia bricht von einer Nervenkrise geschüttelt in Schluchzen aus. Sie kann nicht mehr tatenlos warten, ohne etwas zu unternehmen, ohne Nahrung für ihr Kind, das macht sie verrückt, schreit sie am ganzen Leib zitternd. Sie will ins Dorf gehen, Fleisch essen, Milch trinken, mit einem Vorgesetzten sprechen, ganz egal mit wem, solange er nur ein Herz hat, mit einer humanen Persönlichkeit, sie will wissen, wann sie diesen gottverdammten Ort verlassen können. Sie versucht wegzulaufen, dermaßen erregt, dass es Sharif nur mit Henri Venturas Hilfe gelingt, sie festzuhalten.

Nach einer Weile beruhigt sie sich, betäubt von dem

Beruhigungsmittel, das der Doktor ihr zum Schlucken gegeben hat.

Draußen hat der Wind aufgefrischt. Der Sand fegt über den Asphalt und bildet Dünen am Fuße von Hindernissen. Der Himmel ist schmutzig-weiß, die Konturen der Berge sind verschwommen. Die Hitze und die Besorgnis trocknen die Schleimhäute aus, schnüren die Kehlen zu, zerren an den Nerven.

Zur heißesten Zeit des Tages gehen sie hinaus vor das Hotel, um von einem schattigen Plätzchen und weniger stickiger Luft zu profitieren. Die Verwüstung um sie herum bereitet ihnen nicht mehr das gleiche Entsetzen wie am Vortag, sie bemerken sie nicht mehr, sie ist banal geworden, ist fortan Teil ihrer alltäglichen Umgebung. Um Zeit totzuschlagen, schlägt Sharif eine Partie Poker vor. Sie holen einen Tisch aus zusammengenagelten Brettern, geflochtene Hocker, ein altes Kartenspiel mit zweiundfünfzig Karten, das der Inhaber ihnen zum Preis von Kaviar überlässt.

Weil außer Sharif niemand Geld hat, nehmen sie stattdessen Steine.

Doktor Hitchcock sitzt, an den Stamm einer Palme gelehnt, die wie durch ein Wunder von den Granaten verschont geblieben ist, auf einer Bruchsteinbank, die aus Resten der Umfassungsmauer gefertigt wurde. Er beäugt den Pegel in seiner Flasche und fragt sich, ob er sich besser zurückhalten sollte, falls sein fröhlicher Aufenthalt länger dauern sollte. Nach tiefschürfender Überlegung beschließt er, noch ein wenig abzuwarten, ehe er eine radikale Entscheidung trifft, die unvorhersehbare Folgen für seine bereits durch das Klima und die Entbehrungen geschwächte Gesundheit haben könnte, und füllt seinen Becher zur Hälfte.

Neben ihm sitzt Salima im Schneidersitz auf einer alten Decke, die auf der Erde ausgebreitet ist. Sie streichelt Wardia die Haare, die unter dem Einfluss des Beruhigungsmittels mit angezogenen Beinen zusammengerollt vor sich hindämmert, den Kopf auf Salimas Oberschenkel.

«Sie hat gestern Abend anklingen lassen, dass sie Dinge über mich weiß», sagt Hitchcock und betätigt sein Feuerzeug, die Augen vor der Hitze der Flamme zusammengekniffen. «Fragen Sie sie, was sie weiß.»

Ein Seufzer anstelle einer Antwort.

Er wischt sich die Stirn, ein Schweißtropfen fällt auf die Zigarette, die er gerade anzündet. Das mit seinen Initialen bestickte Taschentuch, das er ständig in der Hand hält, ist durchnässt.

«Sie weiß nichts», sagt er, «sie war nicht da.»

«Lassen Sie sie in Ruhe», interveniert Salima und fischt eine Lucky Strike aus der Schachtel, die er ihr reicht. «Sie wissen sehr gut, dass sie nicht in der Lage ist, Ihnen zu antworten.»

«Sie war nicht mehr im Operationstrakt. Fragen Sie sie, ob das richtig ist?»

«Sie schläft. Sehen Sie nicht, dass sie schläft?»

Er steckt seine Zigarette an.

«Sie sind mir sehr sympathisch, Mademoiselle», hüstelt er und stößt, die Lippen zum Schmollmund gespitzt, den Rauch aus, «und wenn Sie das sind, was Sie selbst vorgeben – obwohl Ihre Weigerung, mit dem Kommandanten hinaufzugehen, mir erlaubt daran zu zweifeln – sollen Sie wissen, dass ich das Gewerbe, das Sie ausüben, ganz besonders schätze. Das wollte ich Ihnen nur sagen. Ich bin seit fünfzehn Jahren Witwer, verstehen Sie, und ich war nie anzüglich gegenüber sogenannten unanständigen Frauen, ganz im Gegenteil, ich achte sie sehr hoch, weil sie mir Dienste erweisen, die meine arme Frau, Gott hab sie selig, mir nicht mehr erweisen kann, und das, muss ich sagen, mit wesentlich mehr Talent und Fantasie, als sie es getan hat.»

«Seien Sie still», murmelt Wardia, ohne sich zu rühren oder die Augen zu öffnen. «Schämen Sie sich nicht?»

«Das werden Sie noch verstehen, kleine Dame, wenn Sie erst unförmig geworden sind, wenn Sie nach einer Reihe dicht aufeinander folgender Schwangerschaften ein fettes Fass geworden sind und Ihr Mann Sie trotz der Lippenstifte, des Kajals und des Schmucks nicht mehr so attraktiv findet wie heute.»

«Ihr Zynismus ist verletzend, das ist widerlich.»

«Sie übertreiben, Doktor», sagt Salima. «Hören Sie auf, sich schlechter zu machen, als Sie sind. Ich sehe Sie doch mit den Tieren, zu ihnen sind Sie nicht schlecht, also müssten Sie mir schon erklären…»

«Ich kann nichts dafür, Mademoiselle, wenn ich Mädchen wie Sie diesen Ehefrauen vorziehe, die man anständig wähnt, weil sie sonntags in die Kirche oder freitags in die Moschee gehen. Was die Tiere angeht, verstehen Sie, mochte ich Mischlinge immer lieber als Rassehunde, ganz gewöhnliche Katzen lieber als Angorakatzen…»

«Hören Sie auf, Sie ermüden mich, Sie reden zu viel bei dieser Hitze», unterbricht Salima ihn. «Sie wollten wissen, was sie über Sie weiß? Das kann ich Ihnen sagen.»

Er wischt den Einwand mit einer nachlässigen Bewegung beiseite.

«Hören Sie mir zwei Minuten zu», fährt Salima mit gesenkter Stimme fort. «Der *Pourriture* hat einen Messerstich abbekommen, und Sie sind zu dem Notfall gerufen worden, um ihn zu behandeln. Behaupten Sie nicht das Gegenteil, sie war dort, und sie hat mir alles erzählt.»

«Sie hat etwas von einem Messerstich gesagt?»

«Ja.»

«Ich glaube Ihnen nicht.»

«Aber warum nicht?»

«Als ich angekommen bin, war der *Pourriture* im Operationstrakt, aber die drei Krankenschwestern vor Ort waren nicht über seinen wahren Zustand informiert worden, sie wussten nicht, dass er einem Messerstich zum Opfer gefallen war, man hatte ihnen gesagt, dass er bei einem Bombenangriff verletzt worden war.»

«Wo ist der Unterschied?»

«Sie wissen Dinge, die sie nicht wissen konnte», sagt er und zeigt auf Wardia. «Sie konnte nicht wissen, dass es sich um einen Messerstich handelte, sie ist aus dem Saal geschickt worden, bevor der *Pourriture* betäubt und das Laken angehoben wurde, unter dem die Wunde zum Vorschein kam.»

«Wie auch immer, Sie haben ihn behandelt. Ohne Sie wäre er jetzt tot.»

«Wenn ich behandle, dann weil ich Arzt bin, auch wenn ich nicht so aussehe.»

«Sie haben ihn gerettet, und er hat Sie mit Gold überschüttet, daher nehme ich Ihnen die Nummer mit den räudigen Hunden und all das nicht ab. Das Geld der Großen auf dieser Welt ist Ihnen lieber als das der Armen.»

Wardia wacht halb auf und stützt sich auf einen Ellbogen.

«Sie haben ihm Medikamente verabreicht», fährt Salima fort, «Sie haben ihm Spritzen gegeben, seine Schmerzen gelindert, ihm wieder auf die Beine geholfen…»

«Das hätte jeder getan. Das Messer war bis zum Heft eingedrungen und die Klinge über den Zwischenrippenraum hinausgegangen, was bedeutet, dass die Verletzung potentiell letal war.»

«Letal?»

«Tödlich, wenn Ihnen das lieber ist. Die Blutung war extern, das Blut quoll heraus, rot. Der Notarzt hatte getan, was getan werden musste, bevor ich kam. Röntgenuntersuchung des Brustkorbs, Untersuchung des Allgemeinzustandes, Wiederbelebung durch künstliche Beatmung. Trotzdem war er sehr blass, was auf einen schnellen Blutverlust hindeutete, die Haut war feucht und kalt, er hatte Schüttelfrost, seine Atmung war nicht normal. Ich war gezwungen, eine Thorakotomie mittels lateralem Ausgang durchzuführen. Ich erwähne das alles, weil Wardia uns zuhört, und weil sie versteht, was ich sage, sie weiß, wovon ich spreche, sie ist Krankenschwester.»

«Und Sie haben ihn gerettet.»

«Das ist mein Job. Ein Mann ist schwer verletzt, er ist im Begriff zu sterben. Was sollte ich tun? Ihn sterben lassen unter dem Vorwand, dass er ein Tyrann ist? Erklären Sie es mir.»

«Sie hätten ihn töten müssen.»

«Ich bin kein Soldat und erst recht kein Polizist, man hat mir nicht beigebracht zu töten. Meine Aufgabe ist es, nach Möglichkeit zu lindern, zu behandeln, zu heilen. Das habe ich getan, so gut es in meiner Macht stand.»

«Sie hätten ihm eine Spritze von, ich weiß nicht was, verpassen müssen.»

«Tut mir leid. Ich bin nicht vom Geschlecht der Borgia.»

«Sie sind ein Verbrecher.»

«Soso…»

«Wie viele Männer, Frauen und Kinder sind gestorben, seit Sie seinen Tod verhindert haben?»

Hitchcock steht mit belustigtem Blick auf und klopft sich den Staub vom Hosenboden.

«Was spielt das für eine Rolle?»

«Sie sind abscheulich.»

«Das sind genau die Worte, mit denen der charmante junge Mann, der uns gestern im Auto das Leben gerettet hat, geantwortet hat, als Sie ihn gefragt haben, wie viele Männer er getötet hätte. Nämlich: Was spielt das für eine Rolle?»

«Salima hat recht, Sie sind ein Verbrecher», sagt Wardia mit schwerer Zunge.

«Das ist das Paradox», knurrt er und entfernt sich, um der Diskussion ein Ende zu setzen. «Wenn ich ihn umgebracht hätte, wäre ich ein Held. Ich habe ihn dem Tod entrissen, und jetzt bin ich ein Verbrecher.»

Beim Geräusch eines Motors dreht er sich um.

Die Pokerspieler hören auf, sich zu beschimpfen, die Karten in der Luft.

Ein mit einer Plane abgedeckter Armeelaster parkt vor dem Hotel.

Zwei Soldaten springen, das Gesicht von einer Chirurgenmaske geschützt, über die Seitenwand, die sie rasselnd herablassen. Sie ergreifen, was auf den ersten Blick wie ein Paket aussieht. Es ist lang, es ist schwer, es ist ein Körper. Ein lebloser Körper. Ein Soldat packt ihn unter den Achselhöhlen, die Arme baumeln herab, der andere platziert sich mit dem Rücken zwischen die Beine wie ein Maultier zwischen zwei Deichseln, packt ihn bei den Knöcheln, und sie laufen gemeinsam los. Die Arme des Opfers schlackern, der Kopf schaukelt hin und her. Das ist ein Paket aus weichem Fleisch ohne Hals oder Knochen. Unter der Last gebeugt tragen sie ihn in aller Eile zu den Passagieren. Ohne sich zu besprechen, bleiben sie wenige Meter vor ihnen stehen und vollführen eine schwungvolle Bewegung, als würden sie einen Sack möglichst hoch, möglichst weit werfen wollen. Ein einziger Schrei, und sie lassen den Körper los. Er verrenkt sich in der Luft, fällt in einer unnatürlichen Stellung zu Boden und wirbelt einen Staubpilz auf.

Die Spieler legen die Karten verkehrt herum vor sich ab und stehen langsam, mit ungläubigen Blicken auf.

Der Wind fegt den Staub fort, wirbelt den Sand auf, verbreitet den Gestank.

Salima hilft Wardia aufzustehen.

Die Gruppe versammelt sich, tritt näher.
Kurze Schritte, gesenkte Köpfe.
Angst im Bauch.
Das Unglaubliche.
Brechreizgefühle.
Die zerschundene Haut, voller Brandblasen von Zigaretten.
Chino.

14

Fast bis auf die Minute genau zur selben Zeit wie am Vortag überquert Kommandant Hajj Ahmed gefolgt von seinem Offiziersburschen den Platz in Richtung der alten Karawanserei. Er spricht in ein Telefon, das er ans Ohr presst, als könnte er seinen Gesprächspartner schlecht verstehen. Er wirkt erschöpft, auf dem Rücken seines durchgeschwitzten Blousons klebt Sand, seine Stiefel sind schmutzig, der Mantel, den er trotz der Hitze nie ablegt, hängt nur über einer Schulter, seine Mütze ist in die Stirn hochgeschoben. Der Mützenschirm hat Salzränder vom Schweiß.

Als sie ihn sehen, hören Henri und Ousmane auf, das Grab auszuheben.

Sie stützen sich mit den Händen auf den Rand, richten sich auf.

Erst auf den Knien, dann aufrecht kommen sie aus dem Loch hervor.

Ousmane hält die Schaufel am Stiel wie einen Vorschlaghammer. Sein Blick ist wild.

Sharif geht auf den Kommandanten zu.

«Monsieur, ich verlange eine Erklärung. Wir haben …»

Der Bursche eilt herbei und stößt ihn mit gezückter Waffe weg.

Sharif weicht sogleich zurück und hebt beschwichtigend die Hände, die Handflächen nach außen gekehrt.

«Schon gut, schon gut…»

Ousmane schwingt drohend die Schaufel mit beiden Händen, das eiserne Schaufelblatt nach oben, bereit, es auf den Nacken des Burschen niedersausen zu lassen. Ventura springt vor, umschließt seinen Hals, dreht ihm den Arm um. Das Werkzeug fällt mit metallischem Laut zu Boden.

Der Bursche ignoriert Sharif, tritt einen Schritt zur Seite und drückt Ousmane seine Waffe auf die Brust, das Gesicht von Hass entstellt.

«Alles gut», sagt Ventura, um einen beruhigenden Ton bemüht. «Ich halte ihn fest.»

Der Kommandant hat sich umgedreht, er nimmt das Telefon vom Ohr, bellt einen kurzen Befehl.

Der Bursche beruhigt sich allmählich wieder, weicht zurück, ohne Ousmane aus den Augen zu lassen, und dreht sich dann abrupt um.

Kommentarlos geht Hajj Ahmet ins Hotel und nimmt sein Telefongespräch wieder auf.

«Es lohnt sich nicht zu versuchen, mit diesen Leuten zu reden», sagt Mouillon. «Das sind Bestien.»

«Wir haben trotzdem ein Recht, zu erfahren, weshalb sie ihn umgebracht haben», empört Sharif sich.

«Warum, warum? Wissen die denn selbst, warum sie ihn brutal ermordet haben?», erwidert Mouillon. «Die eigentliche Frage ist, in Erfahrung zu bringen, was sie mit uns vorhaben, ob wir uns als Geiseln betrachten müssen, oder ob wir von hier abhauen können? Scheiße, ist doch wahr...»

«Wie weit sind wir von der Grenze entfernt?», fragt Sharif.

«Mehr als hundert Kilometer», antwortet Mouillon.

«Viel mehr?»

«Keine Ahnung, Sie stellen dauernd beschissene Fragen.»

«Für einen Archäologen finde ich Sie ganz schön vulgär.»

«Dann hören Sie auf, Blödsinn zu reden.»

«Das ist kein Blödsinn. Meiner Ansicht nach können wir in drei bis vier Marschtagen hingelangen.»

«Mit einer schwangeren Frau?»

«Soweit ich weiß, sind wir keine Gruppe. Wer hat gesagt, dass wir zusammenbleiben müssen? Ich gehe, und wenn niemand mitkommt, ist mir das scheißegal.»

«Ohne Wasser kommen Sie bei dieser Hitze nicht weit.»

«Ich werde unterwegs etwas finden. Man kann Nalut zu Fuß erreichen und von dort ein Fahrzeug auftreiben, einen Bus. Wie machen es denn die Leute, die wir zu Fuß haben fortgehen sehen?»

«Wir haben Ihnen schon mal gesagt, dass man Sie ausrauben wird», sagt Henri.

Sharif klopft sich auf die Tasche, die seine Pistole enthält.

«Ich werde sie gebührend empfangen!»

«Sehr gut, Sie haben recht. Sie können verduften, wenn Sie möchten. Wir sind nicht füreinander verantwortlich.»

«Mein Mann hat Ihnen drinnen etwas zu essen zubereitet», sagt die Chefin des Hotels, die sie nicht kommen sehen haben. «Nichts Großartiges, aber für zehn Dinars pro Person kriegen Sie ein Couscous ohne Fleisch oder Gemüse, aber mit gekochten Kartoffeln, das hält vor.»

«Noch nicht gleich», sagt Ventura und zeigt auf Chinos Leiche, die Ousmane mangels eines Leichentuchs in ein mit einer Kordel umwickeltes Laken gehüllt hat. «Erst bringen wir das hier zu Ende.»

Zu viert heben sie ihn hoch, tragen ihn zum Rand der Grube und lassen ihn hineinfallen. Der Leichnam rollt und bleibt mit dem Gesicht zur Erde liegen.

Sie verhandeln, wer hinabsteigen und ihn in eine angemessenere Lage bugsieren soll, aber sie sind erschöpft. Seit drei Stunden haben sie sich in der prallen Hitze abgewechselt, um die harte, trockene, steinige Erde auszuheben. Die Zungen sind rau, die Muskeln schmerzen, Sharifs Hände sind voller Blasen.

«Sein Kopf zeigt in Richtung Mekka», sagt Ousmane, und alle denken erleichtert, dass die Hauptsache erfüllt ist.

Sharif nimmt Ventura das Werkzeug aus der Hand, stößt es in den Haufen und fällt fast ins Loch, als er eine Schaufel voll Erde hinabwirft.

«Lass mich, ich mach das», sagt Ousmane und nimmt ihm das Werkzeug wieder weg.

«Ich hab ganz blutige Hände», sagt Sharif und zeigt sie. «Ich weiß nicht, wie Sie das machen…»

«Die Werkzeuge des Archäologen sind die Schaufel und Geduld», sagt Mouillon und zeigt seine schwieligen Hände.

JEAN-DAVID MOUILLON

Oh, stellen Sie sich mich bloß nicht wie eine Art Indiana Jones in einem Film von Spielberg vor. Ich bin klein, schmächtig, und wenn ich auch manchmal den Eindruck erwecke, aus dem letzten Loch zu pfeifen, sieht die Wirklichkeit ganz anders aus. Jean-David Mouillon, der mich gut kannte, sagte, dass meine Widerstandskraft grenzenlos und mein Wille eisern sei. Ich habe ihm nie widersprochen, ich fand es vorteilhaft, für einen unermüdlichen Abenteurer im Dienste der Archäologie gehalten zu werden.

Archäologie, verdammt. Wie, warum bin ich nur auf ihrer Baustelle gelandet? Durch eine Begegnung. Ich bin von Natur aus akribisch, und als ich Schmöker über die römische Zivilisation gelesen habe, wollte ich mehr darüber wissen. Zunächst aus Neugier, dann aus Leidenschaft. Eigentlich stammt meine Leidenschaft für die alten Texte und Karten aus der Zeit meiner Inhaftierung. Sie gab mir die Gelegenheit, Ereignissen nachzuspüren, die sich vor mehreren Jahrhunderten quer durch die Geschichte Roms ereignet haben. Ich bin ein Detektiv der Vergangenheit geworden. Sie können mich mit jenen Wracksuchern vergleichen, die Schätze von Galeonen aufspüren, die vor Jahrhunderten versunkenen sind.

In Marseille, wo ich mir fünfzehn Jahre wegen Fälschung und Gebrauch von gefälschten Urkunden eingehandelt habe, habe ich die Texte von Herodot, Virgil, Titus-Livius und Stravon gelesen, ich habe mich für die Garamanten begeistert, dieses Volk von lybisch-berberischen Reitern, die mit Elfenbein, Sklaven, bestimmt für Karthago, und vor allem mit Smaragden gehandelt haben. Ja, Sie haben richtig gehört: die berühmten Smaragde, von denen in den Texten, die ich eben erwähnt habe, die Rede ist, und die verschwunden waren, nachdem Cornelius Balbus, ein römischer General, die Garamanten im Jahre 20 vor Christus geschlagen und ihre Haupstadt Garama eingenommen hatte. Die Besiegten haben ihren Schatz vergraben und sich mit den Bewohnern von Oea, dem heutigen Tripolis, verbündet, um das reiche Leptis Magna zu belagern und zu plündern, bevor Septimus Severus zwei Jahre später den *Pax Romana* durchsetzte und den Krieg damit beendete. Ich bin darin bewandert. Wer hätte das von mir gedacht? Meine Mutter jedenfalls nicht, die mich immer für einen Taugenichts gehalten hat.

Wegen der Garamanten habe ich beschlossen, nach Libyen zu gehen, als ich wegen guter Führung nach neun Jahren Knast entlassen wurde. Um ihnen einen seit Jahrhunderten vergrabenen Schatz zu entreißen.

Es gab Ausgrabungsstätten in In Aghelachem und Saniat Gebril in der Fessan Region, geleitet von einem Archäologen namens Jean-David Mouillon mit dem Auftrag, den gesamten Verlauf der Piste wiederzufinden, auf der die Garamanten vor dreitausend Jahren Stoffe und Sklaven beförderten, aber auch Gold, Amazoniten…

Und diese berühmten Smaragde.

Dazu muss man wissen, dass das ein sehr seltener Stein ist.

Zu seiner Entstehung bedarf es anscheinend außergewöhnlicher geologischer Komponenten. Beryll, Chrom, Vanadium und Eisen. Wie Sie sehen, habe ich in Marseille einiges darüber gelernt.

Ich habe diesen Mouillon getroffen, einen recht sympathischen, aber bornierten Kerl. Ich habe mich mithilfe eines gefälschten Zertifikats anstellen lassen. Er hat nicht zu genau hingesehen, so glücklich war er, einen Landsmann zu haben, mit dem er etwas anderes als das landesübliche Kauderwelsch reden konnte. Zwei Jahre lang habe ich tausend Kilometer südlich von Tripolis mit einer Schaufel wie der, mit der wir Chino beerdigt haben, Gräber geöffnet, Asche umgegraben, Stollen ausgehoben, von der Oberfläche verschwundene Spuren von Zivilisationen aufgedeckt, Tongefäße, Schmuck und natürlich einige nicht besonders wertvolle Edelsteine zusammengetragen, bis ich durch Zufall – aber ist der Zufall nicht der sicherste Verbündete des Abenteurers? – eine beachtliche Entdeckung gemacht habe.

Sie wissen nicht so viel wie ich, Sie wissen nicht, dass dieser Teil der Welt nicht immer eine Wüste gewesen ist. Am Ende des Pleistozäns – sehen Sie zu, wie Sie mit diesem Wort klarkommen, dafür gibt es Lexika – war die Sahara eine fruchtbare Gegend. Die Gravuren, die Malereien und Skulpturen der Jungsteinzeit in der Sahara zeugen von regelrechtem Überfluss. Die Typen schoben eine ruhige Kugel. Zu jener Zeit waren die Seen der Sahara wahre Binnenmeere. Es regnete regelmäßig, Zedernwälder bedeckten die Berge. Die ersten Menschen des Neolithikums – das heißt, die ersten Typen vor der Steinzeit, falls Sie das nicht wissen sollten – erscheinen gegen 6000 vor Christus, ein anderer Betrüger, aber er ist wenigstens verurteilt worden. Sie haben genug, um gut zu leben. Die Seen liefern ihnen Fisch, so viel sie nur wollen, der Wald beherbergt eine artenreiche tropische Fauna, die ihnen die Jagd ermöglicht. Strauße, Giraffen, Raubkatzen, Mufflons, Warzenschweine, Elefanten wie jene, mit denen Hannibal gegen die Römer zog, Nashörner, Krokodile. Ich habe noch nie Nashorn gegessen und auch kein Krokodil, das gab es in der Gefängniskantine nicht. Und dann, weshalb auch immer, ist das Wild seltener geworden, die Seen sind ausgetrocknet, die Wüste ist gekommen, und die Kamele sind anstelle der Elefanten getreten. Dennoch glauben einige Gelehrte, dass das Wasser noch da ist, unter dem Sand, wohin es sich verkrochen hat. Aber es ist noch niemandem gelungen, das zu beweisen.

Ich, Maurice Tolédano, ich kann das.

Im Laufe seiner Ausgrabungen hat Mouillon unter der Sahara ein Binnenmeer aus Süßwasser entdeckt, ein Meer aus fossilem Wasser, das seit Millionen von Jahren kein Tageslicht gesehen hatte und das sich von Ägypten bis zum Sudan erstreckt, vom Mittelmeer bis zum Tschad, eins der größten Reservoirs fossilen Wassers der Welt! Ihm zufolge genug, um die Wüste wieder ergrünen zu lassen.

Und was ist auf dem Grund des Wassers? Smaragde. Ein Teppich aus Smaragden. Aber es war unmöglich, so tief zu tauchen, dazu fehlte es an Ausrüstung.

Und die Revolution bricht aus.

Und dann stirbt Mouillon an einem Herzschlag.

Ich habe seine Identität angenommen, um mein Vorstrafenregister zu tilgen und zurückkommen zu können und die Ausgrabungsstätte zu leiten, mit Akkreditierung und der nötigen Ausrüstung.

Ich habe den Zugangsschacht zum Meer wieder geschlossen.

Mit dem Wasser hab ich nichts am Hut. Die Wüste wieder ergrünen zu lassen, interessiert mich nicht die Bohne.

Die Ausgrabungsstätte war zu weit von Tripolis entfernt, und ich habe den letzten Konvoi französischer Staatsangehöriger nicht mehr erreicht. Ich habe Chinos Bekanntschaft gemacht. Mit ihm hoffte ich, Tunesien zu erreichen und von dort aus Marseille, wo ich fest vorhabe, Tauchen mit Sauersoff-Flaschen zu lernen, um dann zurückzukommen und meinen Schatz zu heben.

Ich werde Kohle brauchen, um die Expedition zu finanzieren. Aber das ist kein Problem mehr, es liegt neben mir, schön im Trockenen in dem Koffer, den Sharif mit sich herumschleppt.

Ich sterbe vor Ungeduld.

15

Das Zimmer des Kommandanten Ahmet zeugt von kolonialer Vergangenheit. Das Bett ist einfach, lediglich eine minderwertige Matratze auf einem Sprungfederrahmen. Die anderen Möbelstücke stammen aus der Zeit, als die Italiener das Land besetzt hatten. Die schwere Kommode hat eine graue Marmorabdeckung, in der Mitte gesprungen mit einem großen Riss über die ganze Länge. An jeder Ecke werden die Schubladen von einem Schwert schwenkenden Cäsar aus Messing auf einer dorischen Säule aus Nussbaumholz getragen, deren Lack seit Idris-El-Senussis Unabhängigkeitserklärung abgeblättert ist. Auf dem Marmor verkörpert eine Lampe einen Borsaglieri aus Keramik, überragt von einem Lampenschirm, von dem nur noch das verrostete Metallgestell übrig und mit einer nackten Birne versehen ist, um die herum eine Stafette von Fliegen summen. An der Wand die Reproduktion eines Porträts von Idris I., die Farben von den Sonnenstrahlen zerfressen. Ein dunkleres Rechteck auf der Tapete unter einem Nagel lässt darauf schließen, dass dort bis vor kurzem ein Bild oder Foto gehangen haben muss. Zweifellos ein Porträt des *Pourriture,* das kompromittierend wurde, als die Rebellen das Dorf besetzten.

Der Kommandant schiebt die Ärmel hoch, hält seine Handgelenke unter den schlammigen Wasserstrahl aus dem Wasserhahn, trocknet sie langsam mit einem Handtuch ab.

Der Wind durch das offene Fenster wirkt wie eine glühend heiße Ohrfeige. Er bittet seinen Burschen, die Fensterläden zu schließen. Im Halbdunkel nimmt er einen Zerstäuber von einer schmiedeeisernen Konsole im Jugendstil und sprüht den Raum großzügig ein, bis der Duft des Kölnisch Wassers vom Plazza Santa Maria Novella in Florenz ihn von dem Aasgestank befreit, der nach einem mit seinen Männern verbrachten Tag an seiner Haut haftet.

Er stellt den Zerstäuber wieder neben das Porträt von Damia.

Er hatte ihn auf ihrer Hochzeitsreise nach Italien bei einem Antiquar in Rom gekauft. Der Antiquar, ein alter Monsieur mit einem Profil wie auf einer Medaille, hatte ihm versichert, dass er Prinzessin Bonaparte gehört hatte, als sie Prinzessin von Lucca und Piombino war, Großfürstin der Toskana, was seinen hohen Preis rechtfertigte. Hajj Ahmet misstraute Italienern genug und mehr noch Antiquaren, um ihm dieses Märchen nicht abzukaufen, aber Damia hatte Augen wie ein achtjähriges Kind vor der Erscheinung von Donald Duck, und er hatte gern nachgegeben.

«Brauchen Sie mich noch?», erkundigt sich der Offiziersbursche.

Er ist keine zwanzig. Im Gegensatz zu seinem Chef,

ist seine Uniform makellos. Er hat das Gesicht eines jungen Bauern, matter Teint, hohe, berberische Wangenknochen, volle Lippen, kohlschwarze Haare.

«Bring mir ein Glas Cognac.»

«Keinen Champagner?»

«Nein, der ist nicht kalt. Cognac.»

Der Bursche versteift sich, steht fast stramm.

«Es ist keiner mehr da, Kommandant, wir haben nur noch Raki. Einer der Reisenden hingegen hat Whisky, ich habe die Flasche gesehen. Soll ich sie holen?»

«Nein, lass. Der Raki tut's auch.»

Der Offiziersbursche schenkt ihm ein, reicht ihm das Glas, will die Flasche schon zurückstellen.

«Nimm auch ein Glas», sagt Hajj und schaut ihm gerade in die Augen.

«Nein, danke, Kommandant. Niemals Alkohol.»

«Das ist gut. Du gehorchst.»

«Ja, Kommandant.»

«Lass die Flasche hier, ich schenk mir selber nach.»

Die Hacken zusammengeschlagen, stellt der Bursche sie mit gemessenen Bewegungen neben den Kommandanten.

«Du bist wie ich», sagt Hajj Ahmet. «Ich habe auch immer gehorcht. Selbst den schwachsinnigsten Befehlen. Ich habe Vorgesetzten gehorcht, die ich verabscheute, die töricht, unfähig, vulgär, überhäuft mit Medaillen und Ehrungen waren. Ich habe einer korrupten Regierung aus Leuten gehorcht, vor denen ich nicht die geringste Achtung habe, die ich wegen ihrer dreckigen geistigen Verfassung verachte. Ich habe gehorcht, weil ich ein Soldat bin und ein Soldat keine andere Wahl hat.»

«Ja, Kommandant.»

«Warst du niemals ungehorsam?»

Der Offiziersbursche weicht einen Schritt zurück, wirft sich in die Brust, sein Blick verliert sich über dem von Hajj Ahmet.

«Unser Leader hat die Entscheidung getroffen. Er war ungehorsam. Er hat Idris gestürzt.»

«Eine schlechte Entscheidung für das Land. Die Trottel, Unfähigen und Schwachsinnigen, von denen ich gesprochen habe – du wirst mir den Pleonasmus verzeihen –, das sind er und die Seinen.»

«Ja, Kommandant.»

«Was würde Ungehorsam heute bedeuten? Den Leader in unsere Gewalt bringen oder ihn gar umbringen? Und dann? Die Macht übernehmen? Die Rebellen werden das nicht akzeptieren, und der Bürgerkrieg wird nicht enden. Weiterhin gehorchen, obwohl wir ganz genau wissen, dass dieser Gehorsam uns, dich und mich, zu einem Desaster führt?»

Der Offiziersbursche hat seine Haltung nicht geändert. Ein Stück Holz.

«Wenn der Kommandant mir erlauben würde, mich zurückzuziehen?»

«Ich langweile dich, na gut… O.K., du kannst gehen, und bitte die Inhaberin en passant, mir die junge Frau von unten zu schicken.»

«Welche?»

«Du weißt genau, welche ich meine.»

«Und wenn sie sich weigert?»

«Dann weigert sie sich halt.»

«Bring ich sie mit Gewalt?»

«Jetzt wirst du anmaßend!»

«Zu Befehl, mein Kommandant.»

Der Bursche schlägt die Hacken zusammen, verzieht sich und schließt die Tür hinter sich.

Als er allein ist, hält Hajj Ahmet seine Hände erneut unter den Wasserhahn, streicht sich übers Gesicht, bevor er sie abtrocknet, schenkt sich ein Glas Raki ohne Wasser nach, und prostet Damias Porträt zu.

Er kippt das Glas in einem Zug hinunter.

16

«Der kann mich mal», erwidert Salima.

Die Hotelchefin schüttelt traurig den Kopf, zuckt mit den Schultern und kehrt um.

«Nun ja, Mademoiselle, ich will Sie nicht beleidigen», entrüstet sich Sharif, «aber Sie haben schon verstanden, dass das die Bedingung für unsere Abreise ist, und je schneller Sie tun, was er verlangt, desto schneller sind wir hier weg.»

«Wie denn?»

«Mit unserem Auto.»

«Wo ist das?»

«Glauben Sie mir, es ist repariert, und der Kommandant wartet nur auf Sie, um es uns zurückzugeben.»

«Wenn er mich erst gekriegt hat», sagt sie, «wird er uns alle umbringen, so wie er Chino umgebracht hat.»

Ein Gemurmel des Protests.

«Sie hat recht», sagt Ventura und verlangt mit einer Handbewegung Ruhe. «Er wird uns umbringen.»

Ohne darauf einzugehen tritt Sharif näher an die junge Frau heran.

«Ich glaube im Gegenteil, dass er Wort halten wird. Er wird uns den Land Cruiser zurückgeben, und selbst ohne Chino können wir ihn abwechselnd fahren», sagt er in einem freundschaftlichen Ton, «und wir können uns auch nicht verfahren, wir brauchen nur immer der Straße nach Westen zu folgen.»

Sie wendet sich mit einer brüsken Kopfbewegung ab, die schwarzen Haare wallend in einem schmalen Lichtstreifen.

«Wo sehen Sie den Land Cruiser, wo?»

«Ich für meinen Teil glaube, dass der Kommandant, der mir ein Ehrenmann zu sein scheint, ihn uns in gutem Zustand wiedergeben wird», beharrt Sharif und sucht im Blick seiner Begleiter nach Zustimmung.

Hitchcock leert seinen Becher in einem Zug, ergreift die Whiskyflasche und presst sie sich gegen die Brust, als hätte er Angst, dass sie ihm geklaut würde.

«Ein Ehrenmann», lacht er laut auf.

«Ah, halten Sie sich da raus!»

«Schreiben Sie ihr nicht vor, wie sie sich zu verhalten hat, die liebe Frau weiß sehr gut, was sie zu tun hat», donnert der Doktor plötzlich wütend. «Wenn sie diesen Hurensohn, den Sie die Unverfrorenheit haben, einen Mann der Ehre zu nennen, nicht bumsen will, dann lässt sie es eben bleiben. Und wenn wir hier nicht wegkommen, dann kommen wir eben nicht weg. Hier geht es uns ebenso gut wie anderswo.»

«Säufer!», stößt Sharif hervor.

«Ich trinke, um nicht wie ihr zu werden, eine Bande von Blödmännern!»

«Wenn Sie jünger wären, würde ich Ihnen die Fresse polieren.»

Der Doktor lacht hämisch.

«Du warst mir anfangs sympathisch, aber ich habe mich geirrt, du hast Schiss, du machst dir in die Hose, und das ist äußerst unangenehm.»

Seine Hängebacken zittern von dem Wutanfall. Er verlässt seinen Hocker, gähnt, streckt sich, hält mit knapper Mühe die Flasche fest und legt sich auf seine Strohmatratze.

«Und Sie? Haben Sie nichts zu sagen?», fragt Sharif an Mouillon gewandt.

«Ich weiß nicht recht, was ich denken soll», sagt Mouillon. «Ich hab einen Kopf wie eine Wassermelone, ich kann nicht nachdenken, also schließe ich mich Ihnen an.»

Ventura setzt sich auf seine Pritsche, lehnt sich an die Wand, zieht ein Knie an und umschließt es mit den Händen.

«Wir wollen nur fort von hier», sagt er und nimmt die Zigarette an, die ihm der Doktor, sein Bettnachbar, anbietet. «Aber das hat seinen Preis, und wir können uns die Rechnung nicht teilen. Nur sie hat die Mittel, sie zu begleichen. Soll sie es tun? Nur sie kann das beantworten, und das hat sie unmissverständlich getan. Also bringt es nichts, wenn wir uns im Kreis drehen, wir müssen einen anderen Weg aus der Sackgasse finden. Ich denke, wir sollten verhandeln, oder es jedenfalls versuchen.»

«Was denn verhandeln?», blafft Sharif. «Unser einziges Tauschobjekt ist sie.»

Der Pilot steckt seine Zigarette an der Flamme an, die Hitchcock ihm reicht.

«Dieser Kerl will sie bespringen? Das kann ich verstehen. Ich an seiner Stelle würde es auch versuchen», sagt er leichthin. «Aber sie will nicht, das ist ihr gutes Recht. Was kann er tun? Uns ein paar seiner Männer schicken, um sie in ihre Gewalt zu bringen und zu vergewaltigen? Das könnte er, aber er hat es nicht getan. Was dann? Uns als Geiseln halten? Das ist bescheuert, die Rebellen können jeden Augenblick zum Gegenangriff übergehen und uns befreien. Uns hinrichten, ja, zweifellos, aber würden Sie das an seiner Stelle tun? Ja, was würden Sie an seiner Stelle tun?»

«Wir sind nicht an seiner Stelle, wir denken nicht wie sie.»

«Oh doch, wir denken genau das Gleiche. Ich an seiner Stelle würde jeden Tag einen von uns töten, bis sie schließlich aus Menschlichkeit nachgeben würde. Aber das tut er nicht, also können wir mit ihm reden, ihn davon überzeugen, uns gehen zu lassen.»

«Na los», stößt Sharif hervor, «gehen Sie doch hoch, klopfen Sie an die Tür, sprechen Sie mit ihm, wenn Sie so stark sind.»

Venturas Blick wandert von einem zum anderen. Augen werden niedergeschlagen, Köpfe abgewandt.

«Also gut», sagt er und steht auf. «Sagen Sie mir, was ich ihm anbieten soll?»

«Geld», sagt Sharif.

«Wieviel?»

«Das muss er uns sagen.»

«Sie sind der Einzige, der welches hat. Sind Sie bereit zu zahlen?»

Sharif nickt zustimmend.

«Und wir werden mit Ihnen fortgehen?»

«Ja», sagt er kopfnickend, so leise, dass seine Stimme sich in einem Murmeln verliert.

«Alle?», wiederholt Ventura.

«Alle.»

Der Pilot steuert auf die Treppe zu.

Salima packt seinen Arm, unerwartet kräftig für eine so zarte junge Frau.

«Nein.»

Er schaut ihr tief in die schwarzen Augen. Ernsthafte Besorgnis spricht aus ihnen, die ihn überrascht und rührt.

«Haben Sie keine Angst», sagt er lächelnd. «Was riskieren wir schon?»

«Wir nichts, aber du schon.»

Das Duzen trifft ihn direkt ins Herz.

Sie wendet sich an die anderen Mitfahrer.

«Das können Sie nicht wissen, weil er es Ihnen nicht gesagt hat, aber er ist Jagdflieger. Er ist über Tripolis abgeschossen worden und konnte sich retten. (Sie schaut zu ihm auf.) Wenn der Kommandant das erfährt, bist du tot.»

«Wer wird es ihm sagen?»

«Er wird es wissen. Ein Soldat erkennt den anderen.»

«Ich kann mich ganz einfach als englischen Techniker ausgeben, der für die British Petroleum arbeitet.»

«Mit deinem französischen Akzent?»

Sie lässt seinen Arm los.

«Er darf da nicht hingehen», sagt sie in die Runde, «und das in unser aller Interesse. Er ist der Einzige, der mit einer Waffe umgehen kann, und wenn wir uns verteidigen müssen, wie er es bereits getan hat, müssen wir auf ihn zählen können.»

«Wenn Sie ihn um jeden Preis daran hindern wollen, hinzugehen», sagt Sharif, «dann gehen Sie eben selbst, das würde die Dinge vereinfachen.»

Sie wirft ihm einen herablassenden Blick zu.

«Wenn ich allein wäre, würde ich es sofort tun, bedenkenlos. Aber bei dem Gedanken, dass Sie nur darauf warten, um Ihre kümmerlichen Existenzen zu retten, sage ich nein. (Sie zeigt mit dem Finger zur Decke.) Ich sage nicht zu ihm nein, sondern zu Ihnen!»

«Gut, na schön», sagt Sharif. «Ich gehe.»

«Passen Sie auf, dass er Ihnen den Koffer nicht wegnimmt», sagt Mouillon. «Sie sind alle korrupt.»

Eine entfernte Salve durchdringt die Nacht. Ventura lauscht.

«Haben Sie eine bessere Idee?», fragt Sharif, als wieder Stille eingekehrt ist.

«Leider nein.»

Ventura stoppt ihn.

«Lassen Sie Ihre Pistole hier», sagt er.

«Warum?»

«Wenn Sie ihn bedrohen, oder schlimmer noch, umbringen, sind wir alle tot.»

«Ich brauche sie. Wenn ich sie Ihnen gebe, werden Sie mich ausrauben.»

Hitchcock stützt sich schwer mit einer Hand auf den Boden, kommt auf die Beine, schnappt seine Whiskyflasche am Hals und steuert schwankend wie ein Neufundlandfischer an Deck seines Fischkutters bei einem Sturm der Stärke 5 auf die Treppe zu.

«Wo wollen Sie hin?», bellt Sharif.

«Was geht Sie das an?»

«Sie machen alles kaputt!»

«Es ist schon alles kaputt, Blödmann.»

Mit jedem Schritt, den der Doktor die Treppe hinaufsteigt, wird sein Schritt sicherer, das Schwanken weniger ausgeprägt. Oben angekommen bleibt er eine gute Minute stehen, wischt sich Stirn und Nacken mit seinem Taschentuch, wartet, bis sein Atem sich wieder normalisiert hat. Die Zimmertüren sind von den Rebellen bei ihrer letzten Besetzung ausgehängt oder aufgebrochen worden. Eine einzige ist dem Massaker entgangen.

Er klopft an.

Die Tür geht auf, und eine Melodie dringt heraus. *Only you* von den Platters, verschandelt durch die Motorsäge von Harry Connick Jr. und seinen Kumpeln.

«Ich hatte jemand anderen erwartet», sagt Hajj Ahmet, als er den Doktor erblickt.

«Kennen Sie mich, Kommandant?»

«Natürlich», sagt Hajj Ahmet. «Doktor Hitchcock, die Klinik der Veba Oil Company. Ich wähnte Sie im Gefängnis, ich war überrascht, sie unter diesen Ausreißern zu sehen.»

«Ich bin auf Beschluss Ihres Leaders freigelassen worden.»

«Möge Gott Sie beschützen. Nur zu, treten Sie ein in meine bescheidenen Gemächer, Doktor ...»

Er tritt beiseite, um den dicken Mann vorbeizulassen, der, kaum ist er im Zimmer, seine Flasche schwingt.

«Ich glaube, mich zu erinnern, dass Sie dieser Art Getränk nicht abgeneigt sind», sagt er.

Hajj Ahmet lächelt, zaubert zwei Gläser hervor und stellt sie oben auf die Kommode. Kristallgläser.

«Ich persönlich ziehe Cognac vor», sagt er. «Ich war Frankreich immer mehr verbunden als Schottland, zweifellos weil ich Männern, die karierte Röcke tragen und in Schafsledersäcke blasen, nicht über den Weg traue, aber ich werde Sie nicht vor den Kopf stoßen und Ihr Angebot ablehnen, wobei ich mich entschuldige, dass ich nicht in der Lage bin, ihn mit Eiswürfeln zu veredeln. Sehen Sie es mir nach?»

«Ich verbiete meinen Patienten Wasser», erwidert der Doktor und füllt die Gläser zur Hälfte, «das wimmelt nur so von Bakterien in Ihrem Klima, also nehme ich Ihnen das bestimmt nicht übel.»

Sie stoßen an.

«Auf den Sieg.»

«Welchen?»

«Unseren», antwortet der Doktor.

Der Kommandant stellt die Stereoanlage aus, zieht die Compact Disc heraus.

«Sie wissen sehr wohl, dass Kriege schon lange nicht mehr gewonnen werden», sagt er, als er zum Doktor zurückkehrt. «Niemand ist als Gewinner aus dem Zweiten Weltkrieg hervorgegangen. Wer hat den Koreakrieg gewonnen? Der Norden, der Süden? Afghanistan, Irak, Israel-Palästina, die Hutus gegen die Tutsis, die Liste dieser aufreibenden Kriege, die letztendlich immer ohne Sieger oder Besiegte enden, ist lang. Wenn Sie nichts dagegen haben, würde ich lieber auf die Liebe anstoßen, dabei gibt es nur Verlierer, aber wenigstens entspricht das den Spielregeln.»

«Amor mundum fecit», unterbricht der Doktor, der ironische Blick straft seine Worte Lügen. «Die Liebe hat die Welt erschaffen.»

«Unsinn. Schauen Sie sich doch nur an, wozu sie geführt hat.»

Sie schweigen einen Schluck lang.

«Dann sind Sie also gekommen, um mir zu sagen, dass sie meine Einladung wieder abgelehnt hat?», ergreift der Kommandant erneut das Wort.

Hitchcock gibt keine Antwort, er zeigt mit dem Finger auf die Stereoanlage.

«Lieben Sie diese Musik?»

«Meine Frau hat sie geliebt», sagt der Kommandant.

«Ich bin dem Jazz der fünfziger Jahre treu geblieben.»

«Und ich Oum Khaltoum, Abd-el Wahab, Farid-el Atrache, aber Damias Blick und Herz galten dem Westen.»

Der Doktor weist auf das Schwarzweiß-Porträt einer Frau auf einer Konsole.

«Ist sie das? Die Ähnlichkeit ist frappierend…»

Der Kommandant nickt.

«Nicht bis ins Detail, aber dieselbe Haltung, dieser offenherzige Kopf auf den Schultern, das gleiche Haar. Der Mund auch. Die aufgeworfene Oberlippe… Sie kommt also nicht?»

Der Doktor bestätigt das mit einem Kopfnicken.

«Wie heißt Sie?»

«Ich kenne nur ihren Vornamen. Salima. Und offen gestanden weiß ich nicht, was ihre Meinung ändern könnte. Ich kann Ihnen als Gegenwert für unsere Abreise nur diese Flasche anbieten (er zeigt auf die Scotchflasche), das ist nicht gerade viel, aber warum ist Ihnen daran gelegen, uns hier zu behalten?»

«Warum haben Sie Tripolis verlassen? Meinen Sie, dass das Spiel verloren ist, dass die Koalition den Widerstand des Leaders brechen wird?»

Ohne eine Einladung abzuwarten, lässt Hitchcock sich mit dem Glas fest in der Hand in einen rissigen Ledersessel fallen.

«Sie kennen Gaddafi, Kommandant, Sie halten ihn wie alle anderen für einen zähen Mann bei bester Gesundheit... Nein, so ist es ganz und gar nicht.»

Ahmet blinzelt zustimmend.

«Sie wissen es also?», fragt Hitchcock.

«Er ist seit letztem Jahr stark abgemagert.»

«Er hat in der Tat abgenommen, sein Blick hat sich geändert, und man muss kein großer Fachmann sein, um zu erkennen, dass er krank ist. Aber ich spreche nicht von seinem Krebs... Er war Opfer eines Anschlags. Messerstich, hier (er legt die Hand auf die Stelle der Wunde). Er hat mich aus dem Gefängnis geholt, damit ich ihn operiere. Ich hatte das Skalpell in der Hand, eine Kleinigkeit hätte gereicht, eine ungeschickte Bewegung, eine Abweichung von wenigen Millimetern, um seine Aorta zu durchtrennen. Stattdessen habe ich meinen Job gemacht, und er ist am Leben. Am Leben, aber im Krankenhaus bei strikter Bettruhe, um eine Blutung zu vermeiden.»

«Wer weiß davon?»

«Nur wenige.»

«Dadurch, dass Sie mir das erzählen, verraten Sie Ihren Code der Berufsethik.»

«Es ist das Zeitalter des Verrats.»
«Sie waren ungehorsam.»
«Ehrlich gesagt ist mir das scheißegal.»
Der Kommandant hält sein Glas Richtung Flasche.
Der Doktor schenkt ihm eilig nach.
«Ich nehme an, man hat Ihnen, wie mir, von Geburt an Gehorsam beigebracht», sagt der Kommandant mit dem Rücken zu seinem Gesprächspartner. «Gegenüber Ihren Eltern, Ihren Lehrern, Ihrem Professor, Ihrem Chef, Ihrem Vorgesetzten, Ihrer Regierung, Ihrem Gott. Wann haben Sie beschlossen, die Regel zu durchbrechen, die bis dahin Ihre war? Was war der Auslöser?»
«Als das, was mir befohlen wurde, ungerecht war.»
Hajj Ahmet wischt das Argument ärgerlich beiseite.
«Das reicht nicht, ich habe so oft ungerechte Befehle befolgt… Alle befolgen ungerechte oder einfach bescheuerte Befehle…»
«Hippokrates nicht gehorchen, der noblen Sache… Ich wahre die Geheimnisse, die mir anvertraut werden, ich behalte Familiengeheimnisse für mich… Mit Verlaub, Kommandant, das ist alles Quatsch.
«Ist er außer Gefahr?»
Der Doktor mustert ihn ausgiebig, ehe er antwortet.
«Wir töten Raubtiere», sagt er, «warum nur konnte ich ihn nicht töten?»
«Ein menschliches Wesen.»
Schulterzucken.
«Nein. Ein Mann, der sein eigenes Volk massakriert, hat kein Recht mehr, sich einen Menschen zu nennen.»
Der Kommandant begehrt auf, sein Ton ist heftig.

«Hören Sie auf, Usinn zu reden. Das ist Basarmoral, Schnickschnack, aus dem Westen importierte Ware.»

Hitchcock lächelt innerlich in dem Bewusstsein, dass sie beide Spaß daran haben, sich gegenseitig zu testen.

Das Schweigen ist wachsam.

Hajj Ahmet holt die Flasche, schenkt sich selbst ein, nähert sich ohne Eile der Konsole, nimmt das Porträt seiner Frau und betrachtet es.

«Warum kommt sie nicht?»

Der Doktor hustet, als er einen Schluck Alkohol nimmt.

«Weil sie der Ansicht ist, selbst frei entscheiden zu können, was sie tun soll», sagt er, als er wieder bei Atem ist.

Der Kommandant runzelt die Stirn.

«Frei? Ich habe mir noch nie Gedanken darüber gemacht, frei zu sein, und eine Hure sollte das mehr als ich?»

«Wer hat Ihnen gesagt, dass sie Prostituierte ist?»

«Die Hotelchefin.»

«Die täuscht sich gewaltig. Sie ist eine Heldin, Kommandant. Oder gar eine Heilige. Es liegt allein bei Ihnen, eine Märtyrerin aus ihr zu machen.»

Der Kommandant stellt das Porträt seiner Frau zurück und wendet sich mit fragendem Blick dem Doktor zu.

«Der Messerstich», sagt der Doktor, «das war sie.»

Hajj Ahmet bedenkt ihn mit einem langen, tiefen Blick, lacht dann auf.

«Erzählen Sie mir das, damit ich sie Ihnen vom Hals schaffe?»

Hitchcock schüttelt verneinend den Kopf.

«Ich warne Sie deshalb, damit Sie darauf verzichten, sie zu sehen. Sie hat immer noch ihr Messer bei sich.»

«Machen Sie sich Sorgen um mich?»

«Welche Chancen haben wir, am Leben zu bleiben, wenn sie Sie tötet?»

«Keine. Meine Männer vergöttern mich.»

«Also war es wichtig, dass ich Sie warne. Sehen Sie, ich erwecke den Eindruck, als hänge ich nicht sehr am Leben, und das stimmt, aber mir gefällt der Gedanke, dass es weiterhin an mir hängt.»

Der Kommandant lacht erneut.

«Warum glauben Sie wohl, will ich, dass sie hier hochkommt?»

«Nennen wir es die Ruhepause des Kriegers.»

Hajj Ahmet zuckt mit den Schultern, leert sein Glas.

«Soll sie mit ihrem Messer raufkommen.»

«Vergessen Sie's, Kommandant.»

Hajj Ahmet hört auf zu lachen, der Kiefer ist angespannt, der Blick hart. Er macht dem Doktor die Tür auf.

«Danke für Ihre Informationen, und vor allem danke für den Scotch.»

Der Doktor reicht ihm in einem letzten Versuch die Flasche.

Der Kommandant lehnt sie mit einer Kopfbewegung ab.

17

«Was hat er gesagt?»

Hitchcock steigt schwerfällig die letzte Treppenstufe runter und setzt sich kurzatmig auf einen Hocker.

«Was hat er gesagt?», wiederholt Sharif mit Nachdruck und beugt sich zu ihm.

«Nichts.»

Enttäuschtes Gemurmel begleitet seine Antwort.

«Wie das, nichts?»

Der Doktor räuspert sich.

«Nichts. Wir haben angestoßen, über Gott und die Welt gequatscht, über die Pflicht des Gehorsams oder nicht. Ein gut gebildeter, höflicher und zutiefst verzweifelter, ich würde sogar sagen suizidgefährdeter Hurensohn.»

«Sie haben unsere Zeit vergeudet.»

«Das ist das Einzige, woran es uns nicht fehlt, warum sollten wir sie also nicht zum Fenster rausschmeißen?»

«Sie sollten wir zum Fenster rausschmeißen», sagt Wardia in weinerlichem Ton.

Sharif stößt Mouillon, der ihm unbeabsichtigt im Weg stand, beiseite, legt den Koffer flach auf den aus Brettern gefertigten Tisch, fummelt an dem Schloss mit dem neuen Code, den nur er kennt, nimmt ein Bündel Hundertdollarscheine heraus, schließt den Deckel wieder, betätigt das Schloss, dreht die Rädchen mit dem Zahlencode.

Er wedelt vor allen mit dem Bündel Scheine über seinem Kopf.

«So muss man mit ihnen reden, diesen Leuten da. Alle korrupt. Aber das sind meine Moneten, und jetzt verhandele ich, und ich allein werde entscheiden, was ich daraus mache.»

Ventura zeigt mit dem Finger auf seine Brust.

«Ihre Waffe, habe ich gesagt.»

Kopfschütteln.

«Sie haben meine Antwort.»

«In diesem Fall gehen Sie nicht.»

«Sie sind es, der ...»

Ventura packt ihn grob am Handgelenk und dreht ihm den Arm auf den Rücken.

«Lächeln, oder ich brech dir den Arm», sagt er.

Er schiebt seine Hand unter Sharifs Jacke und bemächtigt sich seiner Waffe.

«Du hast nicht gelächelt.»

«Sie tun mir weh!»

Ventura hält seinen Mund an sein Ohr und murmelt immer leiser, so dass nur Sharif den Rest des Satzes verstehen kann.

«Wenn du dir einbildest, dass du allein aus diesem Saustall abhauen kannst, du Scheißkerl, schlag ich dir die Zähne aus und steck sie dir einzeln in den Arsch!»

Er zieht seinen Griff an.

«Hast du mich verstanden?»

«Ja, ja, Sie tun mir weh!»

Er lässt ihn los und stößt ihn zur Treppe.

«Na los, zieh ab, du kannst zu ihm gehen, wenn du willst.»

Mit Tränen in den Augen, sowohl vor Schmerz als auch vor Erniedrigung, steigt Sharif die Treppe hinauf und wischt sich das Gesicht.

Alle blicken ihm nach. Er verschwindet oben an der Treppe.

Sie lauschen.

Sie hören ein Klopfen an der Tür, gefolgt von Stimmfetzen und die Tür, die sich wieder schließt.

«Er irrt sich», sagt Hitchcock.

«Man weiß nie», sagt Mouillon. «Aber ich glaube, er wird mehr verlangen, diese Leute feilschen.»

«Erinnern Sie sich noch an das Lied?»

«*Mona Lisa*?»

«Das war die Lieblingsplatte seiner Frau», sagte der Doktor. «Er mag korrupt sein, aber vor allem ist er ein sentimentaler Hund, und das ist die schlimmste Menschenrasse. Ich weiß, wovon ich rede.»

Ventura reicht Mouillon die Pistole, die er Sharif abgenommen hat, beim Lauf.

«Können Sie damit umgehen?»

«Nein», ruft Mouillon hastig, «aber ich will es gern versuchen, ich werde es versuchen.»

«Gib her», sagt Salima.

«Aber nein, ich!», ruft Mouillon aus.

Er geht auf die junge Frau zu, packt sie an den Schultern.

Sie hält seinem Blick stand.

«Verlangen Sie das nicht von mir», sagt er.

«Hätte ich die anstelle eines Messers gehabt, ich hätte das Magazin geleert, er wäre tot.»

«Und der Knall hätte die Wachen alarmiert, und du wärst nicht mehr da mit deinem hübschen Mund und deinen Augen, die mich dahinschmelzen lassen.»

Er neigt den Kopf zu ihr, legt die Stirn auf ihre Haare und reicht ihr die Waffe, ohne sie anzusehen.

«Versprich mir, keine Dummheiten damit zu machen», murmelt er.

Sie hebt die Lider.

«Ich werde nie etwas gegen dich tun», sagt sie im gleichen, kaum hörbaren Ton, «das ist alles, was ich dir versprechen kann.»

Ein Knall lässt sie zusammenzucken, treibt sie auseinander.

Alle Blicke gehen nach oben.

Türquietschen. Undefinierbare Geräusche oben auf dem Treppenabsatz.

Ein dumpfes Geräusch.

Der Sturz eines Körpers auf der Treppe.

Sharif stürzt sich überschlagend die Treppe hinunter, umschwirrt von Geldscheinen, die um ihn herumflattern.

Er bleibt auf halber Höhe liegen, der Kopf nach unten, die Augen verdreht.

Langsam bewegt der Körper sich wieder, dreht sich auf die richtige Seite, steht schwankend auf.

Ein roter Fleck wächst auf seinem Hemd.

Er stürzt nach vorn.

Wardia stößt einen lang gezogenen Schrei aus.

18

Der Wind weht den Haufen frisch umgegrabener Erde über Sharifs Grab fort. Ventura malt seinen Namen in groben Zügen auf einen flachen Stein, den er senkrecht in Höhe des Kopfes in die Erde hineindrückt.

«Sie sollten gleich für uns alle eine Grube graben, wo Sie schon mal dabei sind», sagt Doktor Hitchcock, der ihn beobachtet, «dann wäre das ein für alle Mal erledigt.»

«Ihre ist zu viel Arbeit, graben Sie sie selbst», erwidert Ventura und wickelt sich einen Lappen um die Hand, um die Schmerzen seiner Blasen zu lindern.

«Ja, warum heben Sie sie nicht aus?», bekräftigt Wardia. «Wenn Sie glauben, dass wir das machen werden…»

«Ich mag Hunde zu gern, um ihnen Futter wegzunehmen», sagt Hitchcock schulterzuckend. «Sie können mich ebenso gut fressen wie die Würmer. Ich denke, das ist eine sowohl humanistische als auch biologische Einstellung, die Ihrer Öko-Tendenz nur entgegenkommen kann.»

«Bla, bla, bla und wieder bla, bla, bla, das ist alles, was Sie können!»

Schweißgebadet hebt Ventura den Blick zu einem weißen, sonnenlosen Himmel.

«Ich habe ihn umgebracht», sagt er und setzt sich neben den Doktor, «ich hab ihm seine Waffe abgenommen, er konnte sich nicht verteidigen.»

«Das hätte nichts geändert. Er wäre so oder so abgeknallt worden und, unter uns, ist es mir lieber, dass er tot ist und nicht der Kommandant, sonst würden wir uns nicht mit so Pingeligkeiten abgeben, wie Sie es gerade tun.»

Der Pilot wischt sich mit dem Unterarm über die Stirn. Der Schweiß läuft, seine Hände brennen, seine Schulterblätter schmerzen, sein Nacken ist verspannt, die Krämpfe lassen ihn nicht mehr los.

«Ich wollte mich bei dir bedanken», sagt er zu Salima, als sie sich zu ihnen setzt.

«Wofür?»

«Du hast mich daran gehindert, den Kommandanten aufzusuchen. Ich hätte ihn umgebracht.»

«Achten Sie nicht auf ihn, Mademoiselle», bemerkt der Doktor ironisch, «das ist eine Obsession von ihm.»

Salima lehnt sich an Henri.

Sie wühlt den Schmerz in seinem malträtierten Körper wieder auf, aber um nichts in der Welt würde er sich bewegen.

«Ich habe dich nicht wegen deiner schönen Augen daran gehindert, zu ihm zu gehen», sagt sie.

«Ich bilde mir nichts ein, aber ich erinnere mich, dass du mich im Land Cruiser einmal auf die Wange geküsst hast.»

«Du hattest uns das Leben gerettet.»

«Das heißt, ich habe das Recht, dich ebenfalls zu küssen nach dem, was du für mich getan hast.»

«Habe ich dir das Leben gerettet?»

«Uns allen. Wenn du mich nicht davon abgehalten hättest, hochzugehen, wären wir jetzt alle tot.»

Sie lächelt, plötzlich entspannt, bietet ihm die Wange mit fröhlich funkelnden Augen.

Er küsst sie nah am Mund, spürt ihren feuchten Mundwinkel an seinen Lippen.

Sie wehrt sich nicht.

«Ich lasse Sie allein, ich gehe mich ausruhen», sagt der Doktor und steht auf, «es ist verrückt, was für ein lächerliches Ausmaß die Sentimentalität in einem Land im Kriegszustand annimmt, als müssten wir uns beeilen, uns zu lieben, bevor wir sterben.»

Henri hört nicht zu, er nimmt eine Zigarette, zündet sie zwischen den hohlen Händen an und reicht sie ihr, während er den Rauch ausstößt. Er nimmt noch eine, zerknüllt die leere Schachtel und wirft sie fort.

«Oh, ich hätte sie nie genommen, wenn ich das gewusst hätte», sagt Salima, als sie merkt, dass er ihr die letzte gegeben hat.

«Das passt gut, ich habe beschlossen, mit dem Rauchen aufzuhören.»

Er steckt sie auf die gleiche Weise an, darauf bedacht, die Flamme vor dem Wind zu schützen.

«Dieser Krieg wird bald zu Ende sein, es ist nur noch eine Frage von Wochen, vielleicht Monaten», sagt er und bläst den Rauch aus. «Wenn wir heil davonkommen, hast du dann vor, nach Tripolis zurückzukehren?»

«Nein.»

«Wo wirst du hingehen?»

«Ich weiß nicht.»

«Geh nach Frankreich, in den Süden des Landes. In der Provence ist das Leben angenehm, das Klima ist mild, du wirst dich nicht fremd fühlen, und wenn du einmal nach Marseille kommen solltest, fahr weiter nach Cassis, dort wirst du einen kleinen Hafen finden, weiße Häuser mit farbenfrohen Gärten, du wirst die Hügel sehen und ein Meer in allen Blautönen. Cassis, wirst du dich daran erinnern? Das ist leicht zu behalten, es ist der Name einer Frucht, es ist leicht zu finden, Busse gehen von Marseille ab, es gibt sogar einen Bahnhof. Geh zum Hafen, er ist ganz klein, wie gesagt. Dort gibt es ein Restaurant, *Chez Nino.* Lass dich nicht vom Dekor beeindrucken, mein Cousin ist der Inhaber. Eigentlich heißt er nicht Nino, das war der Name seines Schwiegervaters, aber er nennt sich so, das macht sich besser fürs Geschäft als Bernard. Bitte ihn, mich anzurufen, und ich komme.»

Sie verharrt schweigend, als würde sie über diesen Vorschlag nachdenken.

«Ich würde gern», sagt sie schließlich, «aber das ist unmöglich, das weißt du doch. Ich werde nie die Papiere bekommen.»

«Du bittest ihn, mich anzurufen. Henri Ventura. Schreib es dir auf. Ich komme im Laufschritt, wir heiraten, und du brauchst dir wegen dem Papierkram keine Sorgen mehr zu machen.»

Sie bricht in ein breites, jugendliches Lachen aus, ein erfrischendes, strahlendes Lachen und starrt ihn neugierig durch die Tränen an, die ihr das Lachen in die Augen treibt. Groß, ein klassisches Profil eines Flachreliefs, blonde Haare, braungebrannt, männliche Gesichtszüge, schön geformter Mund, mittelmeerblaue Augen, schöne Hände.

«Du bist verrückt.»

«Ich meine es ernst.»

Lolita und er werden sich scheiden lassen. Das würde einfach sein, sie hatten keine Kinder, keine Vermögenswerte, und sie wollte es sowieso, das hatte sie ihm am Telefon gesagt, aber das war, um Charlie zu heiraten. Aber nun?

«Du bist Soldat, du wirst irgendwo in Afghanistan sein, in Syrien, im Iran…»

Er unterbricht sie mit einer Geste.

«Nein, das ist vorbei. Ich habe der Armee zehn Jahre meines Lebens geschenkt, und sie braucht mich nicht mehr, bald wird sie überhaupt keine Jagdflieger mehr brauchen, sie bevorzugt Drohnen. Wir werden uns in gegenseitigem Einverständnis trennen, die Armee und ich, wie ein Paar, das nach der Trennung Freunde bleibt, damit die Kinder kein Trauma erleiden. Wenn ich lebend aus dieser Sache rauskomme, lasse ich mich in der Gegend von Marseille nieder und baue einen Hubschrauberverleih auf.»

«Du hast mich morgen vergessen.»

«Keine Sorge. Wir heiraten nur der Form halber, damit du deine Papiere bekommst, mehr nicht. Nach ein paar Jahren, wenn du die Staatsbürgerschaft hast und dich niedergelassen hast, lassen wir uns scheiden, wenn du willst, wann du willst.»

Klein, zierlich, matter Teint, schwarze Haare, sieht sie

ihn mit zwei großen fragenden Augen an, die sie sofort abwendet, als ihr voll bewusst wird, dass sie ihn wahnsinnig begehrt.

«Was ich getan habe, schockiert dich nicht?»

«Das Einzige, was ich dich habe tun sehen, war, dem Kommandanten den Gehorsam zu verweigern.»

Sie träumt von seinem Mund, von seinen Händen, sie sehnt sich nach seinen Liebkosungen. Sie wirft ihm einen Blick zu, der gleichgültig sein sollte, was ihr aber nicht gelingt.

«Du bist hoffnungslos naiv, das habe ich dir schon mal gesagt.»

«Nicht, wenn ich dich anschaue.»

Sie legt ihren Kopf an seine Schulter und denkt, dass sie sich glücklich und entspannt fühlt, und dass sie weinen wird, wenn er sie nicht küsst.

«Ach, da sind Sie? Ich habe Sie gesucht.»

Mit Bedauern lösen sie sich voneinander und drehen den Kopf in Richtung der Stimme.

«Also», sagt die Hotelchefin mit Bestimmtheit. «Ich habe mit meinem Mann gesprochen... Der Kommandant zahlt nicht für sein Zimmer, und ich dachte mir, dass Sie sich bestimmt aus diesem Grund weigern, mit ihm hoch zu gehen, weil Sie befürchten, nicht bezahlt zu werden, also haben mein Mann und ich gedacht...»

Sie kommt nicht dazu, fortzufahren. Salima verpasst ihr eine Ohrfeige.

Die Inhaberin lässt die mickrigen Scheine fallen, die sie ihr gerade geben wollte.

Sie hebt die Hand, um zurückzuschlagen.

Henri packt ihren Arm und hält ihn in der Luft fest.

«Für wen hält sie sich eigentlich», schimpft die Chefin. «Ist doch wahr! Sie hat mit der ganzen Welt geschlafen, warum schläft sie nicht mit dem da? Hä, warum nicht?»

«Weil sie mehr Würde hat als Sie», sagt Henri und lässt ihren Arm los.

Der Wind trägt die Scheine davon, und die Chefin läuft ihnen hinterher, fängt sie im Flug auf oder tritt mit der Schuhsohle darauf.

Plötzlich der Knall einer schweren Waffe. Sie ducken sich, gehen in die Knie. Noch ein Knall. Ein ohrenbetäubender Krach, Erbrochenes, das aus der Hölle kommt, das auf die Brustkörbe schlägt, Münder weit aufreißt, die Ohren dröhnen lässt. Eine nicht enden wollende Sturzflut aus gewaltigem Donnern, das anschwillt, zunimmt, unaufhörlich anwächst. Eine starke Übelkeit, die den ganzen Raum ausfüllt und das Blut aus den Adern fließen lässt.

Salima flüchtet in Henris Arme.

Zwei französische Rafales fliegen im Tiefflug vorüber und wirbeln einen Sturm aus Staub und Sand auf.

Sie küssen sich.

Ousmane kommt wie kopflos aus dem Hotel gerannt, ohne sich um die Trümmer zu kümmern, über die er leichtfüßig hinwegfliegt. Er entdeckt Salima, aber sie sieht ihn nicht, hat ihren Kopf an Henris Hals vergraben. Er ruft, aber sie hört ihn nicht.

Er gelangt zu ihr.

«Bitte, kommen Sie schnell!»

Er schüttelt Salimas Schulter.

«Kommen Sie schnell!»

«Lass uns in Ruhe, das ist nicht der richtige Zeitpunkt», sagt Henri.

«Kommen Sie schnell», drängt Ousmane, «sie kommt nieder.»

Salima löst sich von Henri.

«Wardia?»

Als sie ihren Namen ausspricht, wird sie sich ihrer Lächerlichkeit bewusst. Wer sollte denn sonst niederkommen?

Sie stürzen stolpernd los. Der Explosionsdruck bringt sie aus dem Gleichgewicht. Häuserteile, von den vorherigen Bombenangriffen bereits baufällig, stürzen ein und wirbeln krachend Berge aus Stein und Gips auf.

Sie kommen in den Saal.

Umringt von Mouillon und dem Hotel-Patron, die beide nicht wissen, was sie tun sollen, weist Wardia Zeichen des Entsetzens auf, noch verschärft durch den Lärm des Kanonenfeuers. Als sie Salima erblickt, versucht sie sich aufzurichten, scheitert jedoch und schafft es nur, einen Arm nach der jungen Frau auszustrecken.

«Wo ist der Doktor?», fragt Salima.

Mouillon tritt beiseite und zeigt auf Hitchcock, der auf seiner Matratze eingeschlafen ist, seine Flasche und seine Sachen unordentlich neben sich verstreut.

Ventura geht zu ihm, rüttelt ihn, erntet nur unverständliches Gebrabbel. Entnervt packt er den Doktor an den Fesseln und zerrt ihn auf den Boden, bis er ein wütendes, mit Flüchen durchsetztes Gebell ausstößt.

«Du dreckiger kleiner Scheißkerl!», schnauzt er und strampelt hektisch mit den Beinen, um sich aus dem Griff des Piloten zu befreien.

Ventura lässt ihn los.

Mit einer Drehbewegung schwingt Hitchcock sich mit für einen Mann seines Leibesumfangs ungeahnten Wendigkeit auf die Füße und schleudert seine Faust in Richtung des Franzosen, der ihr mit einer einfachen Schulterbewegung ausweicht.

Er kommt nicht dazu, es nochmal zu versuchen, weil Salima sich vor ihn wirft.

«Doktor, sie hat das Fruchtwasser verloren!»

Sprachlos erstarrt Kenneth Hitchcock, die Stirn vor Verblüffung gerunzelt.

«Sie kommt nieder», beharrt Salima.

Der Doktor schiebt sie mit einer Armbewegung zur Seite.

«Und was geht mich das an?»

«Sie sind Arzt!»

«Rufen Sie eine Hebamme.»

Der Patron, der sie einen Augenblick allein gelassen hat, kommt die Treppe wieder herunter, außer Atem.

«Ich war beim Kommandanten. Er stellt Ihnen einen Wagen zur Verfügung», sagt er zu Wardia. «Sobald der Bombenangriff vorüber ist, bringt er sie nach Tripolis zurück.»

«Nein, ich will nicht», schreit Wardia, «ich will nicht dorthin zurück!»

«Aber was dann?!»

«Nein, nein, nicht dorthin, Erbarmen, nicht dorthin!»

«Ihr Mann?»

«Nein!»

Eine Explosion, nahe. Die Wände zittern, ein Fensterladen kracht, löst sich, Gipsplatten fallen von der Decke.

Eine davon hinterlässt eine Schramme auf Mouillons Schulter, der ein ärmelloses Unterhemd trägt.

«Ich flehe Sie an, Doktor», drängt Salima.

Ventura kommt mit dem Arztkoffer, den er geholt hat.

«Lassen Sie mich in Ruhe», sagt Hitchcock und weist die Tasche von sich, die der Pilot ihm zu reichen versucht.

«Sie sind ein Verbrecher!», schreit Salima den Tränen nahe. «Ein zweifacher Verbrecher! Sie behandeln den *Pourriture*, und Sie weigern sich, einer Frau zu assistieren!»

«Von welchem *Pourriture* sprechen Sie?», fragt Mouillon.

«Von dem *Pourriture*, es gibt nur einen», sagt Salima mit tränenerstickter Stimme.

«Aber nein, das glaube ich Ihnen nicht!»

«Ich schwöre es Ihnen!»

Mouillon beugt sich über Wardia, um sie zu beruhigen, während er selbst vor Angst zittert. Er fühlt sich entwaffnet, so machtlos, dass er das nahende Kanonenfeuer vergisst, vergisst, was er um den Hals trägt. Als er sich bückt, rutscht das Kettchen aus dem Kragen seines Unterhemds und enthüllt den Davidsstern, den er trotz der Gefahr, die er birgt, nicht abgelegt hat.

«Sie sind Jude?», fragt Wardia entsetzt.

«Nein, nein», antwortet er eilig, «ein Jude hat ihn mir als Gegenleistung für einen Dienst gegeben, den ich ihm erwiesen habe. Er hatte nichts anderes, um mich zu bezahlen. Er ist aus Gold», fügt er in dem Versuch hinzu, seine Lüge glaubhaft erscheinen zu lassen.

«Ich glaube Ihnen nicht! Ich könnte nie etwas tragen, das ein Jude getragen hat», wimmerte sie. «Hauen Sie ab, ich will nicht, dass mein Kind Sie sieht, das ist Sünde! Hauen Sie ab!»

Mouillon weicht mit einem Blick auf seine Gefährten zurück, er wirkt untröstlich.

«Es gibt nur einen Gott», sagt Ousmane.

«Und der ist ein Arschloch», wirft Hitchcock ein, «das kann ich Ihnen sagen, weil ...»

Ventura lässt ihn den Satz nicht zu Ende bringen, er kommt mit einem Eimer Wasser auf ihn zu, den er in beiden Händen trägt, die eine Hand am Henkel, die andere am Boden, und klatscht ihm geradewegs das Wasser ins Gesicht.

Der Doktor stößt ein furchtbares Knurren aus, schüttelt sich, holt sein Taschentuch hervor und wischt sich bedächtig das Gesicht.

«Ihr tötet mir den letzten Nerv», sagt er.

«Beeilen Sie sich.»

«Ich habe noch nie eine Entbindung durchgeführt!»

«Hören Sie auf zu kneifen, in Gottes Namen!»

Der Doktor setzt eine empörte Miene auf und betrachtet Wardia.

«Bitten Sie eine Frau um Hilfe, ich bin ein Mann!»

«Erbarmen, Doktor, ich habe Angst.»

«Wenn ich Ihnen sage, dass ich auch Jude bin, wollen Sie dann immer noch, dass ich Sie entbinde?»

«Hören Sie auf mit dem Blödsinn!», befiehlt Salima.

Er zuckt resigniert die Schultern.

«Kochen Sie eine große Menge Wasser», sagt er zu der Chefin, die sogleich zur Treppe eilt.

Er schnappt wutschnaubend seinen Koffer und stellt ihn neben Wardia.

«Zischen Sie ab, raus hier, bis ich soweit bin», sagt er zu den umstehenden Leuten, ohne sie anzusehen. «Sie nicht», sagt er und weist mit seinem Doppelkinn auf Salima.

Mouillon zieht sich zurück und setzt sich, während alle beschäftigt sind, auf Sharifs Pritsche. Er zieht den Koffer, jedes Geräusch vermeidend, zu sich heran, betrachtet das Zahlenschloss, spielt ohne Erfolg an den sechs Zahlenrädchen, befühlt das Gehäuse des Koffers, prüft, ob es Hammerschlägen oder einer Metallsäge lange widerstehen würde.

Der Doktor ergreift einen Hocker an einem Fuß, dreht ihn in den Händen, stellt ihn vor die Gebärende, setzt sich und neigt sich zu ihr.

«Gestern haben Sie gesagt, dass Sie nicht gern von mir behandelt werden würden», raunt er in ihr Ohr. «Wie ich Sie verstehe, und wie leid Sie mir tun… Wenn es Sie tröstet, sagen Sie sich, dass ich Sie nicht behandele, da Sie ja nicht krank sind. Ich werde lediglich einem neuen kleinen Mann zur Hand gehen, um ihm zu helfen, so gut wie möglich in dieser Welt von Verrückten zu landen.»

«Stimmt es, dass Sie… Jude sind?»

«Darauf kann ich Ihnen nicht antworten. Ich weiß nicht, was das ist.»

«Das ist mir unangenehm… von einem Mann…»

«Sagen Sie das nochmal und ich verdufte.»

«Sei still, Wardia, um Himmels willen!», sagt Salima. «Mach uns das Leben nicht so schwer.»

«Kannst du mir nicht helfen?»

«Kommt nicht in Frage. Was macht es schon, wenn er ein Mann ist? Glaubst du nicht, dass er was anderes zu tun hat, als schmutzige Sachen zu denken?»

«Bleibt zu prüfen, ob ich noch einer bin. Nicht sicher. Im wievielten Monat sind Sie, im siebten?»

«Ja», sagt Wardia.

«Haben Sie die Schwangerschaft begleiten lassen, hat man Ultraschalluntersuchungen gemacht?»

«Nein.»

«Wie kommt das?»

Angesichts des Schweigens der jungen Frau zuckt er die Schultern.

«Ich bin kein Richter, ich bin Arzt, und ich muss das wissen.»

«Warum?»

«Wie kommt es, dass man Sie nicht begleitet hat? In was für einem Milieu haben Sie gelebt?»

Wardia bricht in Schluchzen aus.

«Ich habe meine Schwangerschaft verheimlicht.»

Der Doktor nickt, atmet tief ein, steht auf und zieht sich zu seiner Matratze zurück.

«Gut, ich werde keine Fragen mehr stellen.»

Er nimmt seine Flasche auf.

«Ah, nein, nicht jetzt», ruft Salima und versucht, sie ihm wegzunehmen.

«Wollen Sie, dass ich sie entbinde, ja oder nein?» (Salima verzieht das Gesicht in einer Weise, die er als Einverständnis interpretiert.) «Dann lassen Sie mich endlich in Ruhe.»

Er stößt sie ohne Schroffheit zurück, gießt den Alkohol in den Becher, den er aus seiner Tasche holt, und reicht Salima die Flasche, die sie eilig verschwinden lässt.

«Ist es das Erste?», fragt er, als er sich wieder neben Wardia setzt.

«Ja.»

Er schnalzt mit der Zunge am Gaumen nach einem Schluck Scotch.

«Sie wissen nicht, ob es ein Junge oder ein Mädchen ist?»

«Nein, ich habe Angst.»

«Das ist normal, aber um Sie zur Vernunft zu bringen, sagen Sie sich, dass Milliarden Menschen da durch gegangen sind, so oder so, es gibt keinen Grund, warum Ihrer es nicht schaffen sollte, sie kennen den Weg, in ihren kleinen Köpfen leuchten kleine Hinweisschilder auf.»

«Bitte, machen Sie schnell. Wir werden bombardiert… ich habe Angst um mein Baby.»

Er hält die Augen geschlossen, um seine eigene Angst zu verbergen. Er begnügt sich mit einem Nicken.

«Nicht er. Im Gegenteil, das reizt ihn, den kleinen Scheißer. Er hört es auf allen Seiten knallen und kann gar nicht schnell genug rauskommen, um bei dem Feuerwerk dabei zu sein, weshalb ich sage, dass es ein Junge ist. Die Mädchen suchen sich ruhigere Zeitpunkte aus.»

WARDIA TISANTANI

Obwohl ich nicht allzu dick bin, und mir den Bauch einzwänge, hat meine Mutter doch etwas geahnt und mich nicht in Ruhe gelassen, bis ich in Tränen ausgebrochen bin und gestanden habe. Sie hat mich geohrfeigt und sofort gefragt, wer der Vater sei, wenn ich denn überhaupt die geringste Ahnung hätte.

«Natürlich weiß ich das, ich bin doch keine Hure», habe ich gebrüllt und noch heftiger geweint.

«Was bist du dann, wenn du keine Hure bist? Was glaubst du wohl, wie die Nachbarn dich nennen werden, wenn sie dich mit diesem dicken Bauch sehen, obwohl du nicht verheiratet bist? Schäm dich, Tochter! Du bringst Unglück über das ganze Haus!»

«Dann bring mich gleich um, das ist besser für alle.»

Ihr Gejammer hat das ganze Haus erfüllt, unmöglich, sie zu beruhigen. Meine beiden kleinen Schwestern sind gekommen, sie haben sich an meine Röcke geklammert, um mich vor der Wut meiner Mutter zu schützen.

«Weiß der Vater dieses Unglückskinds Bescheid?», hat sie mich gefragt.

«Nein, ich habe es ihm nicht gesagt.»

«Aber warum nicht, warum nicht?», hat meine Mutter ausgerufen und sich das Gesicht zerkratzt.

«Ich konnte nicht.»

«Du bist vergewaltigt worden!»

«Nein!»

«Wenn du vergewaltigt worden bist, werden dein Vater und deine Brüder dich in die Wüste bringen und dich sterben lassen!»

«Ich sage doch nein, ich kenne den Vater!»

«Wer ist es? Arbeitet er im Krankenhaus der Residenz, wie du? Ist er ein Sanitäter, ein Arzt? Mein Gott, ich wusste, dass ein großes Unglück geschehen würde, als du uns gesagt hast, dass du als Krankenschwester arbeiten wolltest, anstatt sofort zu heiraten, dass du im Krankenhaus arbeiten wolltest, wo es keine Moral gibt, wo die Kranken alle nackt sind, wo es Dinge gibt, die man nicht auszusprechen wagt, wo für eine anständige Frau kein Platz ist.»

Ich wartete darauf, dass meine Mutter mit dem Gejammer aufhören würde.

«Er ist Arzt», brachte ich hervor, «aber ich bin nicht mehr dazu gekommen, ihm zu sagen, dass ich ein Kind von ihm erwarte, er ist tot.»

«Tot?»

Die Kleinen sind völlig verdutzt zurückgewichen.

Meine Mutter hat den Mund aufgerissen, ohne einen Ton hervorzubringen.

«Tot?», hat meine jüngste Schwester Seham wiederholt, als sie die Sprache wiedergefunden hatte.

«Letzten Monat bei einem dieser Bombenangriffe auf die Residenz unseres Leaders, Gott hab ihn selig», erklärte ich. «Er war Facharzt für Infektionskrankheiten, er hatte eine gute Arbeit, er war reich, er hat mich geliebt und er wollte meinen Vater aufsuchen und um meine Hand anhalten. Verflucht sei dieser Krieg.»

Konnte ich ihr die Wahrheit sagen? Konnte ich ihr vor den Kleinen sagen, dass der Leader mich vom ersten Tag an, den ich in dem Bunker gearbeitet habe, auserwählt hatte? Wie konnte ich mich weigern? Und wie sollte ich meiner Mutter erklären, dass er mich verjagt hatte, als er sah, dass ich schwanger von ihm war? Nein, sie hätte mir natürlich nicht geglaubt.

Sie hat die Hände über dem Kopf zusammengeschlagen. Sie hat lamentiert, das ist das, was sie am besten kann, sie hat sich bitter über den Fluch beklagt, der über die Familie hereingebrochen ist, über die Scham, die sie traf, sie – als ob ich nicht zählen würde.

«Wenn dein Vater und deine Brüder das erfahren, werden sie dich umbringen, meine Tochter», sagte sie, nachdem sie sich scheinbar ein wenig beruhigt hatte. «Du musst weggehen, bevor sie zurückkommen. Du wirst zu deiner Cousine Defné gehen, die in Sfax in Tunesien lebt. Sie wird sich um dich kümmern.»

In der Stunde, die dieser Diskussion folgte, habe ich dank der Beziehung zu einem Arzt, mit dem ich gearbeitet hatte und der mich gern mochte, einen Passierschein erhalten, ich habe in aller Eile einen Koffer gepackt, ich habe geweint, als ich meine kleinen Schwestern umarmt habe, weil ich wusste, dass ich sie nie wiedersehen würde. Ich wollte auch meine Mutter umarmen, sie ist zurückgewichen, als hätte ich die Pest, ich habe die Faust um die wenigen Scheine geschlossen, die sie mir zugesteckt hat und für immer die Schwelle des Hauses überschritten, in dem ich geboren wurde.

Ich habe mich nicht umgedreht.

Draußen habe ich durchgeatmet, ich habe den Duft der Pinien eingesogen, den Duft eines Beignetverkäufers, den Verkehrsgeruch, den Jasminduft, der aus einem Garten herauskam, den Geruch des Wassers der Stadtreinigung auf dem heißen Teer, den Geruch eines frisch beschnittenen Luzernenbeets, den eines Gullys, eines blühenden Zitronenbaums.

Die Gerüche der Freiheit.

Ich bin frei, ich bin frei, ich bin nicht mehr in eurem Kopf, ihr habt mich vergessen, ich bin frei.

Ich Ärmste.

19

Ein Geschrei.

«Es ist ein Junge», verkündet Hitchcock und hält das Baby in die Höhe.

Salima stößt einen Freudenschrei aus und dankt Gott für seine Güte, klemmt die Nabelschnur mit einer Wäscheklammer ab, die ihr die Chefin des Hotels zitternd vor Rührung gibt, durchtrennt die Nabelschnur, nimmt Hitchcock das Baby, noch ganz klebrig, aus den Händen, legt es auf sauberem Bettzeug ab und wäscht es unverzüglich mit einem mottenzerfressenen Waschlappen, den sie in einen Eimer abgekochtes, noch warmes Wasser taucht.

«Ist er?»

Wardia hat ihre Frage nicht zu Ende gestellt, sie hat Angst, sie auszusprechen.

«Es ist alles dran, er hat alle seine Finger», antwortet der Doktor, der den Sinn verstanden hat, «und außerdem hat er ein Paket zwischen den Beinen, das Gefahr läuft, ihm später hohes Ansehen bei den Damen zu verschaffen. Er brauchte keine neun Monate zu warten.»

«Und er hat einen süßen Fleck auf dem Backenknochen», fällt Salima ein, «unter dem Auge.»

«Was für einen Fleck?»

«Einen Weinfleck», sagt der Doktor, «was für einen

kleinen Moslem nicht einer gewissen Paradoxie entbehrt.»

«Das ist die Sünde», murmelt Wardia.

«Nein, es gibt einen medizinischen Ausdruck dafür. Das ist ein Angiom. Nichts Ernstes, es kann mit der Zeit verschwinden.»

«Wie eine Münze», fügt die Chefin hinzu, «das ist ein Zeichen für Geld. Er wird einmal reich, so Gott will.»

Wardia lächelt, ohne die Augen zu öffnen.

«Reich», wiederholt sie leise.

«Ein großer Reichtum», fährt die Chefin fort.

Der Patron eilt die Treppen mit einer Flasche Champagner in der Hand hinunter.

«Vom Kommandanten», sagt er und setzt ein joviales Lächeln auf. «Er hat mich gebeten, ihn zu entschuldigen, weil er nicht kühl ist, wir haben keinen Eisschrank. Wo sind die anderen?»

«Draußen», sagt Salima.

«Geh sie holen», sagt Hitchcock, «wir stoßen auf die Gesundheit des Kleinen an.»

Wardia macht eine abwehrende Handbewegung, ohne etwas zu sagen.

«Aber ja, Sie werden mit uns anstoßen», insistiert der Patron, «selbst wenn es verboten ist. Allah wird uns nicht böse sein, er schließt die Augen, weil er uns ja dieses Glück beschert hat.»

«Und außerdem hat er Champagner nie verboten», sagt Hitchcock und wäscht sich die Hände mit einer Aleppo-Seife, so groß wie ein Ziegelstein. «Zu der Zeit, als er die Bibel, den Koran, die Thora geschrieben hat wie man heute Fernsehserien schreibt, war der Champagner noch nicht von Dom Pérignon entwickelt worden, genauso wenig wie er die Zigarette, Haschisch, Zweiradfahren oder Golfspielen verbieten konnte, das jedoch – wie wissenschaftlich erwiesen ist – rauschähnliche Gefühle auslösen kann.»

«Bla, bla, bla», ruft Salima und lacht schließlich laut auf.

«Sie müssen dem Vater Bescheid geben», sagt der Patron. «Haben Sie seine Telefonnummer?»

Wardia bedenkt ihn mit einem verkrampften Lächeln.

«Dazu habe ich kein Recht», sagt sie, nachdem sie nach einer zufriedenstellenden Antwort gesucht hat.

«Nicht, bevor sie in Tunesien ist», sagt Hitchcock und lächelt ihr verschwörerisch zu, «so lautet die Anweisung.»

Wardia dankt ihm mit einem müden Lächeln.

«Wir müssen etwas finden, um ihn zuzudecken», sagt Salima und legt das in ein Frotteetuch gewickelte Kind wieder in die Arme seiner Mutter.

«Ich zerschneide ein Laken», bietet die Hotelchefin an, «wir machen ihm ein Babyjäckchen.»

Der Patron kommt mit den anderen Passagieren zurück, aufgedreht wegen der Geste des Kommandanten, in der sie ein Zeichen für ein baldiges Ende ihres Martyriums sehen.

Sie stellen ein Tablett aus ziseliertem Kupfer voller klappernder Teegläser auf einen Hocker.

«Wer will die Flasche aufmachen?», fragt der Patron.

«Die Mutter», sagt Ventura.

«Nein. Gott würde mich bestrafen.»

«Geben Sie sie mir», sagt der Doktor und streckt die

Hand aus. «Wenn es mir gelungen ist, ein Baby herauszuholen, das nicht darum gebeten hat, kann ich ja wohl eine Flasche öffnen, die nur so danach schreit.»

«Warten Sie, warten Sie», sagt Mouillon und schaltet seinen Fotoapparat ein.

Der Korken springt heraus, begleitet von übersprudelndem Schaum, unter den alle außer Ousmane ihr Glas halten, um ja nichts zu vergeuden.»

«Auf… Ja, wie soll er eigentlich heißen?»

«Ich habe noch nicht darüber nachgedacht.»

«Wie heißt Ihr Mann?»

«Mein Mann?»

«Werden Sie ihn nicht nach ihm benennen?»

«Wir hatten uns noch nicht entschieden.»

«Auf den Neuankömmling in dieser absurden Welt», sagt Hitchcock und prostet der jungen Mutter zu, «und ich wünsche ihm das Schicksal eines großen Mannes, der imstande sein wird, uns aus diesem Saustall zu befreien.»

Sie stoßen unter dem Knistern des Blitzlichts an.

Der Patron trinkt und räuspert sich, ehe er sich an Salima wendet:

«Der Kommandant hat mich gefragt… na ja, ich weiß, dass Sie nein sagen werden, aber ich sage es Ihnen trotzdem…, er fragt, ob Sie wohl zu ihm hoch kommen würden… zu ihm hochkommen», wiederholt er.

Sie stellt ihr Glas ab, wendet sich ab, um nicht antworten zu müssen, und stößt bei der Bewegung gegen Ventura.

«Was würdest du an meiner Stelle tun?», fragt sie ihn seufzend.

«Ich kann nicht an deiner Stelle sein, aber wenn ich es wäre, würde ich ihn selbstverständlich weiter abblitzen lassen.»

«Warum gerade ich?»

«Sie sind die einzige Frau in der Gruppe», schaltet Mouillon sich ein, «und außerdem sind Sie hübsch.»

Ihr Blick wandert schweigend von einem zum anderen.

Das Baby schreit.

«Er hat schon Hunger», sagt die Hotelchefin, «aber Sie dürfen ihm nicht gleich etwas geben.»

Henri fixiert Salima eindringlich, fleht sie mit dem Blick an, nicht nachzugeben.

«Ich bitte dich inständig», sagt Wardia. «Wir müssen hier weg, mein Baby und ich.»

Salima mustert nacheinander die Mutter und ihr Kind, lässt ihren Blick über das elende Quartier schweifen.

«O.K.», sagt sie plötzlich.

Erleichtertes Raunen.

«Oh, danke, danke.»

Henri sagt kein Wort, schaut auf den Boden.

Salima tut so, als würde sie es nicht bemerken. Sie bückt sich, nimmt das Baby auf den Arm, hebt es hoch und küsst es.

«Das tue ich für dich, Kleiner», sagt sie. «Nur für dich.»

Sie gibt das Kind seiner Mutter zurück.

Wardia wischt sich eine Träne von der Wange.

«Möge Gott dich beschützen. Ich werde ihn Sélim nennen», sagt sie, «in Erinnerung an dich.»

«Lang mögest du leben, Sélim», stößt der Patron hervor und hebt sein leeres Champagnerglas.

Salima ist schon auf der Treppe.

Auf halber Höhe bleibt sie auf einer Stufe stehen, und ihr Blick begegnet dem von Henri.

Sie dreht sich brüsk um und geht weiter hinauf.

20

Hajj Ahmet öffnet seine Zimmertür und lächelt Salima an.

«Sie haben auf sich warten lassen, Madame», sagt er, «was mir Ihren Besuch noch mehr willkommen macht.»

Sie ist verwirrt von der Traurigkeit in seinem Blick, die im Gegensatz zu seinem Lächeln steht.

«Ich danke Ihnen aus tiefstem Herzen», fügt er hinzu.

Er tritt beiseite, um sie einzulassen, schließt die Tür wieder, geht zu einer offenen Flasche, die auf der Kommode steht, und füllt zwei Champagnergläser.

«Veuve Clicquot», sagt er und reicht ihr einen davon. «Etwas anderes habe ich nicht mehr. Er ist nicht kühl genug, aber wir dürfen ihm nicht böse sein, es ist eine alte Flasche.»

Sie lehnt mit einer Geste ab und nimmt das Kopftuch ab.

«Ich warne Sie», sagt sie und sieht ihn fest an, «ich bin HIV-infiziert.»

Er stellt das Glas mit dem Champagner ab, das sie nicht will, und hebt das andere, bevor er es an die Lippen führt.

«Wir sind alle krank», sagt er, «wenn nicht von der Dummheit der Menschen, ihrer Habgier, dann von der Liebe. Unsere Zeit ist Trägerin von Epidemien.»

Sie blickt sich im Raum um, auf das Bett, auf das Waschbecken in der Ecke.

«Muss ich Ihr Geschwätz ertragen, oder soll ich mich gleich ausziehen?»

Ohne den Blick von ihr zu wenden, taucht er seine Lippen in das Glas und weist ihr den einzigen Ledersessel, der stellenweise zerfetzt ist, als hätte eine epileptische Katze sich ihre Krallen daran gewetzt.

«Setzen Sie sich, Madame.»

Sie gehorcht.

«Um das klarzustellen», sagt sie. «Wir machen einen Deal. Ich schlafe mit Ihnen im Austausch gegen einen Wagen, damit wir hier fort können. Sind wir uns da einig?»

Er wendet ihr den Rücken zu, schiebt eine Diskette in das Gehäuse der Stereoanlage.

«Mona Lisa.»

«Sie täuschen sich, Madame», sagt er und dreht sich zu ihr um, ein trauriges Lächeln auf den Lippen. «Wenn ich mit Ihnen hätte schlafen wollen, hätte ich das schon längst getan... Vergewaltigung ist eine Kriegswaffe. Eine erlaubte Waffe...»

Mona Lisa, das macht dir keine Angst, darunter leidest du nicht. Nicht eine Sekunde...

«...Um nicht zu sagen, eine heiß empfohlene Waffe...»

«Das ist schändlich.»

«Schändlich ist das auf der ganzen Welt, aber hier ist die Vergewaltigung tödlich. Eine Frau, die vergewaltigt wurde, ist ein Schandfleck für ihre Familie, sie kann von ihrem Mann, ihrem Bruder, ihrem Vater aus dem Haus gejagt oder gar getötet werden… Das ist die Waffe schlechthin, um eine Gesellschaft zu zerstören.»

Mona Lisa, du wartest mit dem Lächeln der Mona Lisa…

«Und Sie wenden sie an?»

«Nein.»

«Ihre Männer?»

Das Ende der Welt, das Ende der Welt…

Er antwortet nicht sogleich, trinkt einen Schluck Champagner, ohne sie aus den Augen zu lassen.

Sie bohrt nicht nach, sie hat begriffen, dass sein Schweigen ein kostbarer Verbündeter ist.

Er blickt der jungen Frau in die Augen, stellt sein Glas ab und wendet ihr den Rücken zu, um ihr zu antworten.

«Ich schließe die Augen», sagt er und macht eine flüchtige Kopfbewegung, die sie nicht deuten kann.

Sie sagt nichts.

Er rührt sich nicht.

Sie zieht Sharifs Revolver aus ihrer Tasche, richtet ihn auf den Rücken des Kommandanten.

Sie spannt die Waffe.

Ein Klicken.

Er dreht sich um, strafft seine Schultern, legt die Hände hinter den Rücken und stützt sich auf die Kommode. Sein gleichgültiger Blick wandert von der Waffe zu Salima.

Nach ein paar Sekunden verlässt er seine Stellung.

Sie schwingt drohend die Waffe.

Er geht zu einem Offizierskoffer, der mitten auf den Fliesen steht, öffnet ihn.

«Ich warne Sie, ich drücke ab!»

Er ignoriert die Drohung, zieht ein leichtes Kleid aus dem Koffer, das er an den Schultern fasst und hochhebt.

«Ich wollte Sie freundlichst bitten, dieses Kleid anzuprobieren.»

Verwirrt hält sie die Pistole weiter auf ihn gerichtet. Ihre Hand zittert.

«Ich verstehe nicht», sagt sie, stützt sich auf die Armlehne und steht langsam auf, die Waffe weiterhin auf ihn gerichtet.

Er scheint sie nicht zu sehen, breitet das Kleid auf seinem Schreibtisch aus, nimmt das Champagnerglas, das er ihr eingeschenkt hatte und hebt ihn ihr entgegen wie zum Zuprosten.

«Es gehört meiner Frau», sagt er und trinkt einen Schluck, «wie alles in diesem Koffer.»

«Nicht bewegen», sagt sie. «Treten Sie zurück.»

«Sie ist tot.»

«Zurück, habe ich gesagt. Treten Sie zurück!»

«Und ich bin sicher, sie würde sich freuen, wenn Sie es trügen.»

«Wenn ich ihre Sachen tragen würde? Aber warum?»

Er nimmt das Porträt seiner Frau, dreht es zu ihr um.

«Finden Sie nicht, dass sie Ihnen ähnlich sieht?»

«Nicht wirklich.»

Er stellt das Porträt wieder hin.

«Der schmutzige Krieg hat sie in Boulima umgebracht, wo sie mich, obwohl ich es ihr untersagt hatte, aufgesucht hat», sagt er und geht im Zimmer auf und ab, ohne sich um sie zu kümmern. «Wir waren erst seit zwei Jahren verheiratet, und sie ertrug die Trennung nicht. Dazu muss man sagen, dass sie während meiner Abwesenheit bei meinen Eltern wohnte, und meine Mutter ist keine einfache Frau… Sie haben mich sofort an sie erinnert, gleich an dem Abend, an dem ich Sie zum ersten Mal gesehen habe.»

«Ich dachte…»

Er bringt sie mit einer Geste zum Schweigen.

Sie missversteht die Geste, sichert ihre Waffe.

«Ich will nicht, dass sich nach meinem Tod Gauner an dem weiden, was von ihrer Schönheit übrig ist», fährt er fort.

«Wer sagt, dass…»

«Dass ich sterben werde? Dabei scheint es mir so, als würden sie genau das wünschen, nicht wahr?»

«Du wartest mit dem Lächeln. Das Ende der Welt, das Ende der Welt…»

Er öffnet eine Schublade, nimmt Parfüms und Schmuck heraus und stellt die Sachen auf die Kommode. Er dreht sich wieder um, ein rotes Band um einen Finger gewickelt.

«Das ist nur ein perlenbesticktes Seidenband, es ist wertlos, aber sie hat es getragen, als…»

Er legt das Band hin und füllt erneut ein Glas, das er ihr aus der Entfernung anbietet.

Sie nimmt es mit einem leichten Nicken an.

Er kommt näher, reicht es ihr.

Sie wechselt die Pistole in die linke Hand, nimmt das Glas.

«Danke», sagt sie, als sie es entgegen nimmt. «Glauben Sie nur nicht… normalerweise trinke ich nie.»

«Das kann Ihnen den Mut geben, abzudrücken», sagt er und geht sich einschenken.

Sie sagt nichts, benetzt ihre Lippen mit dem Champagner.

«Damia trank hin und wieder», sagt er. «Sehr wenig, aber sie war so jung, so schön, so verliebt, dass Gott in seiner Güte ihr ihre kleinen Verfehlungen vergeben hätte.»

«Wollen Sie mir wirklich das alles geben?»

«Wenn Sie annehmen, lasse ich den Koffer in den Toyota bringen.»

Salima runzelt die Stirn.

«Ist er fertig?»

Er lächelt, aber das Lächeln mindert nicht die Traurigkeit in seinem Blick.

Sie steckt die Pistole wieder in ihre Tasche.

«Und Sie haben erwartet, dass...»

Erneutes Nicken.

«Das hätten Sie mir gleich sagen sollen, statt... Ich habe mir gedacht, dass Sie andere Absichten hätten.»

«Hätten Sie mir geglaubt?»

«Warum nicht?»

«Nein. Sie hätten gedacht, dass es eine Falle wäre, um Sie herzulocken. Also wozu?»

«Und wenn ich nicht gekommen wäre?»

«Dann hätte ich ihre Sachen zusammen mit dem Porträt mitten ins Zimmer gelegt und mit Benzin übergossen, und das Ganze wäre in Flammen aufgegangen... Diese Lösung ist mir aber lieber, weit lieber. Ich habe den Eindruck, dass sie nicht ganz so tot ist, dass sie gewissermaßen wieder zum Leben erwacht. Probieren Sie dieses an.»

Er präsentiert ihr ein anderes Kleid, aus Seide.

«Drehen Sie sich um», sagt sie und stellt ihr Glas ab.

Er gehorcht.

Sie zieht sich aus und streift sich das Kleid über den Kopf.

«Sie können schauen.»

Er dreht sich um und bleibt unbeweglich stehen, voller Bewunderung. Dann tritt er heran, nimmt Salimas Hand und drückt sie.

«Ich wollte Ihnen sagen…», sagt sie.

«Ja?»

«Ich bin nicht HIV-positiv.»

Er lässt sie los, weicht zurück, legt die Hand aufs Herz und verbeugt sich.

«Ich danke Gott für diese gute Nachricht, und Ihnen auch, Madame, für all das Gute, das Sie für mich tun», sagt er mit emotionsgeladener Stimme.

21

Der Wind hat sich über Nacht gelegt. Langgestreckte Wolken ziehen gemächlich über den Himmel. Ein aus der Wüste kommender, sich ständig neu formierender Schwarm Sperlingsvögel fliegt ahnungslos auf das Kampfgebiet zu.

Die Maschinenpistole quer vor der Brust schiebt ein Soldat Wache vor dem Toyota, der vor dem Hotelgelände geparkt ist.

Henri Ventura grüßt ihn mit einem Kopfnicken, ohne eine Reaktion zu erhalten, geht um die Motorhaube des Fahrzeugs herum und öffnet die Tür auf der Fahrerseite. Der Zündschlüssel steckt in der Zündung. Er steigt auf das Trittbrett, streckt den Arm aus und dreht ihn, ohne in den Wagen zu steigen. Der Motor hustet und springt an.

Die Tanknadel steigt langsam. Der Tank ist voll.

Er bekommt einen Hieb ins Kreuz.

Der Wachsoldat stößt ihn mehrfach mit dem Lauf seiner Waffe und brüllt vehement Befehle in seiner Sprache.

Er begreift, dass er den Motor ausstellen soll. Er gehorcht.

Der Soldat tritt zurück, die Waffe auf ihn gerichtet.

Henri schließt die Hände um ein imaginäres Lenkrad und macht Viertelkreisbewegungen in der Luft, dann zeigt er mit dem Zeigefinger auf sich, um dem Soldaten klarzumachen, dass er der Fahrer des Wagens ist.

Als er verstanden hat, legt der Wachsoldat seine Waffe wieder quer vor seine Brust.

Dann untersucht Henri die vier Reifen, indem er mit der Schuhspitze dagegen tritt. Aufgepumpt. Auch der Ersatzreifen ist repariert, das Schrapnell entfernt worden.

Er öffnet die Heckklappe. Hinten steht ein dicker Offizierskoffer, jener, den zwei Soldaten eine Stunde zuvor aus dem Zimmer des Kommandanten herunter gebracht haben. Für Madame, hatten sie lediglich geantwortet, als er sie gefragt hatte, für wen der bestimmt sei.

Er geht wieder in die Halle des Hotels, in dem sie seit zwei Tagen kampieren.

Metallische Schläge hallen durch die Eingangshalle.

Mouillon versucht, mit Hilfe eines Hammers das Schloss von Sharifs Koffer zu öffnen. Als er Henri Ventura hereinkommen sieht, unterbricht er sich augenblicklich.

«Was machen Sie da?»

«Nichts», antwortet Mouillon und legt den Hammer weg.

«Er demoliert meinen Koffer», sagt Hitchcock.

Henri wirft einen Blick auf die anderen Reisenden. Wardia wiegt ihr Kind. Ousmane sitzt mit angezogenen Beinen an eine Trennwand gelehnt da.

Er wendet sich wieder an Mouillon.

«Dieses Geld gehört Ihnen nicht.»

«Na, wem dann? Sie glauben doch wohl nicht an seine Geschichte von den armenischen Christen?»

«Ich glaube nur eins, und zwar, dass das nicht Ihnen gehört.»

«Der Koffer auch nicht», fügt Hitchcock bekräftigend hinzu. «Er will ihn mir nicht zurückgeben.»

Henri packt den Koffer an dem ausziehbaren Griff und kehrt damit um, den Rollkoffer hinter sich herziehend.

Die Räder machen Krach auf dem unebenen Boden. Er hört Mouillon nicht, der sich hinter ihm mit erhobenem Hammer aufrichtet.

Ein Schuss lässt ihn zusammenfahren, alle Sinne in Alarmbereitschaft.

Der Hammer trifft ihn gerade noch an der Schulter. Der Schmerz ist kurz, ein Bukett sprühender Funken.

Henri geht in die Knie und dreht sich abrupt um, die Waffe in der Hand, bereit zum Gegenangriff.

Vor ihm schwankt, die Augen aus den Höhlen tretendend, Mouillon, macht einen Schritt rückwärts und bricht zusammen.

Henri schaut in die Richtung, aus der der Schuss kam.

Auf halber Höhe der Treppe steht, in einem eng anliegenden Seidenkleid mit japanischen Motiven, Salima, die Pistole am gestreckten Arm herabhängend.

«Tot», stellt Hitchcock fest und lässt Mouillons Puls los.

Die Waffe fällt Salima aus der Hand und poltert mehrere Stufen hinunter, während Salima ihr Gesicht mit beiden Händen bedeckt, um die Tränen zurückzuhalten.

«Danke», sagt er, ohne sie aus den Augen zu lassen.

Die anderen Passagiere umrunden mit überraschten Gesichtern den Körper.

«Ich musste das tun», sagt Salima und tritt näher, «er hätte dich umgebracht.»

Sie bricht in Tränen aus und flüchtet sich an Henris verletzte Schulter, worauf er das Gesicht verzieht. Er streicht der jungen Frau über das Haar und denkt, dass seine Schulter irgendwo gebrochen ist und er der Einzige ist, der den Toyota fahren kann.

Ousmane hebt die Pistole von der Treppe auf.

«Er hätte Sie umgebracht», sagt Wardia. «Ja, das hatte er vor.»

«Das ist wahr», stimmt Ousmane zu und steckt die Waffe in seinen Gürtel.

«Der Wagen ist bereit», bringt Henri hervor, keuchend vor Anstrengung, den Schmerz zu unterdrücken.

«Ehre sei unserer charmanten Botschafterin», gibt Doktor Hitchcock beiläufig von sich und schnappt seinen Koffer. «Ich nehme ihn wieder an mich. Er gehört schließlich mir.»

«Ousmane!», ruft Henri und weist mit dem Blick auf den Doktor.

Der Tschader begreift sofort, was er will, und nimmt dem Doktor, der angesichts seiner Entschlossenheit und dem aus seiner Hose ragenden Pistolenkolben keinen Widerstand leistet, den Koffer aus der Hand.

«Das sehen wir später», sagt der Pilot und steuert auf den Hotelausgang zu. «Fürs Erste kümmert Ousmane sich darum.»

«Wenn es Gott gäbe, würde er so etwas nicht zulassen», seufzt Hitchcock. «Und da Sie an ihn glauben, fragen Sie ihn nach dem Code, er muss ihn wissen.»

Ihr Baby auf dem Arm folgt Wardia Henri, sie wirkt erschöpft, aber froh, aufbrechen zu können.

Die Hotelchefin kommt angelaufen, lächelt das Baby an, hebt es hoch und hüllt es in ein aus einer Tischdecke des Restaurants geschneidertes Babyjäckchen.

«Hier, mein Süßer», sagt sie und fügt an die Mutter gewandt hinzu: «Das ist alles, was ich für ihn gefunden habe.»

«Das steht ihm sehr gut», sagt Wardia lachend.

«Das ist das erste Mal, dass ich dich lachen sehe», sagt Salima lächelnd.

«Sie sind gut zu mir gewesen», sagt sie und drückt ihr Kind an die Brust, die sie aus dem Kleid holt. Es will nicht saugen.

«Lassen Sie es in Ruhe», ruft der Doktor ihr zu, «Neugeborene setzen sich selbst vierundzwanzig Stunden lang auf Diät. Danach wird es seinen Appetit wiederfinden, glauben Sie mir.»

Wardia lächelt erneut zaghaft und lässt ihre Brust wieder verschwinden.

«Gott segne Sie, Doktor», sagt sie.

Salima legt der jungen Mutter die Arme um die Schultern.

«Du kannst dich ja kaum auf den Beinen halten. Soll ich ihn nicht mal nehmen?»

«Nein, es geht schon, danke.»

«Ich freue mich, dass du ihn Sélim nennst», sagt sie, «aber ich bin sicher, dass dein Mann es lieber gesehen hätte, wenn du ihn nach ihm benannt hättest.»

«Nein, nein», sagt sie, «ich mag seinen Vornamen nicht.»

«Wirklich nicht?»

Wardia zögert.

«Er heißt Mouammar», sagt sie schließlich.

Der Name des *Pourriture*.

«Ich verstehe», sagt Salima plötzlich ernst, «in diesem Fall, ein schönes, langes Leben für den kleinen Sélim.»

Als Henri sieht, wie sie sich mit dem Baby und ihrem Gepäck zu schaffen machen, geht er zu ihnen, um ihnen zu helfen.

Er will Salima den Koffer aus der Hand nehmen, aber sie lässt ihn nicht.

«Du darfst nicht tragen», protestiert sie. «Du wirst gleich fahren, also hab Erbarmen, mach deine Verletzung nicht noch schlimmer, als sie schon ist.»

Henri nimmt die Hand der jungen Frau und sieht ihr tief in die Augen.

«Pardon», sagt er.

«Wofür?»

«Ich habe mir die ganze Nacht vorgestellt, wie du da oben mit ihm…»

Salima stellt sich auf die Zehenspitzen, legt ihre Lippen an sein Ohr.

«Er hat mich nicht angerührt», flüstert sie, «ich schwör's dir.»

«Ich liebe dich», murmelt er und küsst sie.

Ousmane hebt die Tasche auf, die sie zu Boden hat fallen lassen, und nimmt sie mit.

Draußen überrascht sie das Licht. Ein Licht ohne Quelle, weder Sonne, noch Lampe, noch Flamme.

Henri kneift die Augen zu, als ein schreckliches Dröhnen den Himmel erfüllt, die Erde unter seinen Füßen erbeben lässt, ein Stück Mauer neben ihm zum Einsturz bringt, einen Pfeiler niedermäht, sein Blut elektrisiert, Staub aufwirbelt, der ihm den Atem nimmt, Sand von der Düne bläst und auf ihn nieder prasseln lässt wie tausend Peitschenhiebe.

Er umschlingt Salima, deckt sie mit seinem Körper ab.

Ein Kampfflugzeug taucht über der schnurgeraden Dorfstraße auf, zwanzig Meter über dem Boden. Eine beeindruckende Masse.

Die Kokarde der Trikolore unter dem Flügel.

Bäume werden entwurzelt, Hunde fliehen jämmerlich jaulend davon, zu Tode erschreckt, die Kadaver am Boden bewegen sich, als würden sie wieder leben, ein Kind, das nicht zu sehen ist, schreit, seine Mutter hält sich die Ohren zu und reißt den Mund zu stummem Flehen auf.

Das Flugzeug verschwindet, peitscht die noch stehenden Bäume.

«Sie können nicht weit sein», sagt Henri und gibt Ousmane ein Zeichen, sich wieder in Sicherheit zu bringen. «Es wäre Selbstmord, jetzt loszufahren. Die Rebellen kommen auf der Straße, die wir nehmen müssen, und wenn sie uns sehen, werden sie uns verwechseln und eine ihrer Raketen auf uns abschießen. Bleiben wir drinnen und warten ab.»

In seinem Zimmer beendet Kommandant Hajj Ahmet mit nacktem Oberkörper seine Rasur.

Er wischt sich das Gesicht vor dem Spiegel ab, kämmt sich.

Ohne Eile zieht er ein sauberes Hemd an, schlüpft in seine Offiziersjacke, rückt sie zurecht, knöpft sie zu, nimmt seine Orden ab, einen nach dem anderen, und lässt sie auf den Boden fallen.

Er nimmt das Porträt seiner Frau, dreht es um, löst das Foto vom Rahmen und lässt es in eine Jackentasche gleiten.

Er nimmt seinen Ziegenledermantel von dem dicken Nagel, der als Garderobenhaken dient, schwingt ihn sich um und legt ihn sorgfältig über die Schultern.

Ein Donnern.

Das Klirren einer Fensterscheibe. Der einzigen, die noch heil war. Sie wölbt sich, bricht auseinander, zerspringt, und die Scherben fliegen durch die Luft, bevor sie auf dem Boden vollends zersplittert.

Durch die Öffnung beobachtet Hajj Ahmet die helle Staubwolke, die sich in der Ferne langsam entwickelt und größer wird, während sie dem Dorf näherkommt.

Er nimmt ein Glas, schenkt sich einen Rest Champagner ein, schlägt vor dem Spiegel die Hacken zusammen, prostet sich zu und leert das Glas in einem Zug.

Er zieht seine Automatik, zielt auf den Spiegel, zerknallt ihn. Er steckt seine Waffe wieder in das Holster.

Er lässt die Tür offen, verlässt das Zimmer und geht die Treppe hinunter.

Die Hotelchefin und ihr Mann grüßen ihn.

«Es war uns eine Ehre», sagt sie.

«Freuen Sie sich nicht zu früh», sagt er schleppender als gewöhnlich. «Ich erwarte Verstärkung.»

«Sie sind uns immer willkommen, Kommandant.»

Er durchquert die Halle und zieht trotz der Hitze ein

Paar Handschuhe an, seine hochgewachsene Gestalt umgeben von einem Lichtstrahl, in dem Staub wirbelt.

«Viel Glück, Kommandant», flüstert Salima, legt die Hände um ihren Nacken und befestigt das rote Band an ihrem Hals.

Ein flüchtiges Lächeln erhellt Hajj Ahmets Gesicht, gefolgt von einem kaum wahrnehmbaren Zeichen heimlichen Einverständnisses.

Draußen geht er an dem Toyota entlang und enthebt mit einer Geste den Wachsoldaten seiner Aufgabe, der im Laufschritt zu einem Trupp Soldaten zurückkehrt.

Er klettert in den Jeep, der auf ihn gewartet hat, und bleibt stehen, eine Hand an die Windschutzscheibe geklammert. Der Wagen setzt sich vor einen leichten, mit zwei Maschinengewehren ausgerüsteten Panzer.

Mit erhobenem Arm gibt Hajj Ahmet das Signal zur Abfahrt.

Aufrecht, in voller Uniform, Mantel im Wind, Messer im Gürtel, Pistole am Oberschenkel, fährt der Kommandant im Schritttempo der Armee der Rebellen entgegen, in fünf Metern Abstand gefolgt von einem Panzer, während hinter ihm weitere Panzer aufheulend losfahren.

Die Kolonne setzt sich in Bewegung.

«Es ist Wahnsinn, ihnen entgegenzufahren», sagt Henri, «er hat keine Chance.»

«Er wollte keinen Straßenkampf», sagt Salima, «er fand, dass die Bewohner hier genug gelitten hatten.»

«Das wäre trotzdem die einzige Lösung gewesen.»

«Werden Sie fahren?», fragt Wardia.

«Ihm tut die Schulter weh», antwortet Salima. «Ousmane?»

«Ich kann nicht.»

Sie wendet sich an Hitchcock.

«Sie, Doktor?»

«Kleines, ich muss sechs oder sieben Jahre alt gewesen sein, als meine Eltern mir einen Tretwagen zu Weihnachten geschenkt haben», sagt er. «Ich habe sämtliche Möbelstücke im Haus gerammt bis zu dem Tag, an dem ich die Treppe damit runtergefahren bin. Sechs Wochen Gips. Ich habe es nie verstanden, gleichzeitig zu treten und das Lenkrad zu drehen, also bitten Sie mich nicht um so etwas.»

«Verflucht seien die Männer, die die Frauen am Fahren hindern», sagt Wardia.

«Ich schaff das schon», sagt Henri. «Ousmane, du setzt dich neben mich. Wenn ich Probleme habe, den Gang zu wechseln, machst du das, wenn ich es dir sage. O.K.?»

«Ja, Chef!»

Unter den Wagenplanen der Laster hinter den Panzern sitzen die Soldaten auf Seitenbänken, Gewehre zwischen den Beinen, und fahren Richtung Osten.

Allmählich lässt das Rasseln der Panzerketten und das Rattern der Reifen nach, hört schließlich ganz auf.

Die Stille ist kurz.

Schüsse schwerer Waffen eröffnen das Feuer, begleitet von immer näher rückenden Explosionen. Kurze Lichtscheine entflammen den Himmel, ein heiße Druckwelle durchdringt die Stadt, ein infernalischer Krach hämmert auf Brustkörbe, dreht Eingeweide um, mäht Häuserteile nieder. Ein Gestank aus Schwefel und Blut erfüllt die Atmosphäre, wird unerträglich. Schreie hallen zwischen den Explosionen, und ein unaufhörliches Donnern wird immer lauter.

Der Staub ruft Hustenanfälle hervor. Wardia drückt ihr Kind an sich. Salima nimmt ihr Kopftuch ab und deckt es damit zu.

Bald dringen die ersten Pick-ups der Rebellen wild hupend in die Stadt ein, randvoll mit zerlumpten Kämpfern mit aufgelösten Scheschs, Palästinensertüchern um den Hals, Patronentaschen quer über der Brust, die ihre Waffen im Zeichen des Sieges über dem Kopf schwenken.

Oben auf einem staubfarbenen Fahrzeug reißt derjenige, der der Chef der Aufständischen zu sein scheint – ein junger Mann mit gepflegtem Bart, rot-grün-schwarzem Bandana-Kopftuch quer über der Stirn – mit ausgestrecktem Arm ein Gewehr in die Höhe, an dessen Spitze ein Ziegenledermantel flattert.

Er drückt ab.

Durch die Detonation löst sich der Mantel und flattert einen Augenblick durch die Luft, oben gehalten durch den Fahrtwind und den aufwirbelnden Staub, fällt auf den Kühlergrill des folgenden Pick-ups und geht dann auf dem Boden kaputt. Die Reifen der 4x4 reißen ihn endgültig in Fetzen.

Bewohner, die die Reisenden noch nie gesehen hatten, kommen aus ihren zerstörten Häusern und jubeln den Siegern zu, mit verstörten Gesichtern und irren Blicken.

Ein Pick-up fährt vorüber, randvoll mit Siegesgebrüll ausstoßenden Aufständischen. Vor dem Hotel bremst er ab. Ousmane klopft Henri auf die Schulter und lächelt ihm zu, läuft los und klammert sich an die Seitenwand des Wagens. Ein Kämpfer der Rebellen reicht ihm die Hand, hilft ihm hinauf.

Er winkt den Mitfahrern zum Abschied zu, reißt sich die Waffe mit einer kreisenden Bewegung aus dem Gürtel und schießt in die Luft.

An der Fassade der Stadtverwaltung werden die Flaggen der Rebellen aus den Fenstern gelassen.

Angefeuert von der Hotelchefin zeigen einige Dorffrauen mit dem Finger auf Salima auf der Schwelle des Hotels. Sie sammeln Steine auf.

«Rühren Sie sie nicht an», schreit Wardia und stellt sich vor sie.

Durch die plötzliche Bewegung fängt das Baby an zu schreien.

Ein Stein trifft Salima am Oberschenkel, sie strauchelt.

Henri Ventura schießt in die Luft.

Die Matronen treten beiseite, weichen ein paar Schritte zurück, formieren sich neu.

Er schießt erneut.

Diesmal verteilen sie sich, öffnen den Durchgang, um den sie auf jeder Seite ein drohendes Spalier bilden.

«Wir müssen hier weg», sagt Henri.

Die Waffe in der Hand stützt er Salima mit seinem gesunden Arm, und sie durchqueren leicht hinkend die Menge.

Plötzlich bricht die Hölle los, der Boden bebt, die Wände wanken. Eine furchteinflößende Detonation, ein grauenvolles Höllenspektakel, eine Säule aus Staub, Sand und Schwefel. Die Anwohner stürzen kopflos davon, rempeln sich an in dem Versuch, den Schüssen zu entkommen. Männer und Frauen, Soldaten und Zivilisten werden niedergemäht, bevor sie sich in Sicherheit bringen konnten. Salven zischen von überall her.

«Sie führen einen Gegenangriff!», ruft er, als Salima an seiner Seite vor Entsetzen schreit.

Eine Granate explodiert.

Der Explosionsdruck wirft sie um, sie kommen nicht wieder hoch. Leblose Körper fallen auf sie, ein Hagel von Trümmern, Erde und Steinen begräbt sie. Ein markerschütterndes Schreien. Ein Mann zuckt am Boden. Aus seinem abgetrennten Oberschenkel strömt ein Schwall Blut.

Wieder Stille, kurz.

Sie rufen sich gegenseitig, antworten, vergewissern sich. Sie leben. Leben! Als die Gefahr vorüber ist, schieben sie die Körper beiseite, kommen zunächst auf alle Viere, dann auf die Beine. Henris Hemd ist voller Blut, seine Brust brennt, sein Fleisch ist eine offene Wunde. Als sie die Leichen verrücken, rollt eine Flasche Whisky, und Salima hätte sich fast übergeben, als sie Doktor Hitchcocks leblosen Körper erkennt.

«Wardia, wo ist Wardia?», schluchzt sie.

Henri vergisst seinen Schmerz, er reißt sie aus ihrer Fassungslosigkeit, nimmt sie bei der Hand, schiebt sie vor sich her und hilft ihr, vorn in den Land Cruiser zu klettern. Er dreht sich um, hält Ausschau.

Wardia ist etwa zwanzig Meter entfernt, sie kommt zu ihnen, hält ihr Baby mit gekreuzten Armen vor der Brust.

«Da ist sie!»

Salima lacht vor Freude durch ihre Tränen, winkt ihr durch die Autotür zu.

Ein Militärlaster fährt schwankend vorüber. Eine letzte Granate trifft ihn mit voller Wucht. Er explodiert in einer wirren Mischung aus brennenden Karosserieteilen, zerfetztem Fleisch, brennendem Diesel. Ein Rad löst sich, nimmt Fahrt auf, und ein Ring aus Feuer metzelt Wardia nieder.

Salima stößt einen Schrei aus, öffnet die Tür und springt. Sie rennt so schnell sie kann zu Wardia, ohne sich um die Spitter der Granaten und Kugeln zu kümmern. Henri fleht sie an, zurückzukommen. Sie hört ihn nicht oder will ihn nicht hören, sie hockt sich neben den Körper der jungen Frau, hebt ihren Nacken an. Gebrochen. Der kleine Sélim schreit nicht lauter als ein Welpe. Mit vor Müdigkeit, Tränen und Gefühlen vernebeltem Blick nimmt sie ihn auf den Arm und läuft zum Wagen zurück, wäre zehnmal fast gestolpert.

Sie lässt sich auf den Beifahrersitz fallen, außer Atem, Angst im Bauch. Ihr sandiges und staubiges Gesicht ist von Tränenbächen zerfurcht.

Henri fährt los. Das Vorderrad holpert über einen Körper.

Eine Rakete trifft das Hotel, das sie soeben verlassen haben, zerstört den Rest der Fassade.

Henri dreht sich ein letztes Mal um. Er kann den Körper des Doktors deutlich erkennen. Ein leise wimmernder Hund leckt ihm das Gesicht.

Salima wiegt das Kind, murmelt ihm sanfte Worte zu.

Der Toyota begegnet einer undisziplinierten Gruppe Geländewagen, ausgerüstet mit Maschinengewehren und beladen mit bewaffneten Männern im Siegestaumel. Am Straßenrand ist nichts von Hajj Ahmets Regiment übrig. Panzer brennen, das Wrack eines Jeeps hat sich überschlagen. Der des Kommandanten, glaubt Henri zu erkennen.

«Fahr langsamer!»

«Nein», sagt Henri und beschleunigt wutentbrannt. «Er ist tot! Sie sind alle tot!»

Salima blickt dem Jeep lange nach, aber sie sieht keine Spur von Leichen um ihn herum.

Nach etwa vierzig Kilometern sieht die Landschaft wieder friedlicher aus. Drei Kamele weiden, ein Eselstreiber spornt einen kleinen, mit Weidenkörben beladenen Esel an.

Das Baby hat sich beruhigt.

Salima hört auf zu summen, sie schnieft, wischt sich mit einer automatischen Bewegung des Unterarms die Tränen ab, obwohl sie schon seit langem getrocknet sind.

«Geht's?», fragt sie, als ihr bewusst wird, wie blass Henri ist.

«Ja, ja.»

«Du bist voller Blut.»

«Das ist nicht meins», sagt er mit kraftloser Stimme.

«Das ist ja schrecklich. Willst du nicht anhalten, dein Hemd ausziehen?»

«Nein, das geht schon, ich halte an der Grenze an. Wir sind in weniger als einer Stunde da, wir haben gerade Nalut passiert.»

«Du bist ganz blass, du machst mir Angst, du bist ganz weiß.»

«Es geht schon, das versichere ich dir, mach dir keine Sorgen…»

Das Baby rührt sich. Sie wiegt es wieder, spricht leise mit ihm.

Er umklammert das Lenkrad und kämpft gegen Halluzinationen. Er hatte geglaubt, seine Mutter am Straßenrand zu sehen, es war eine Wegmarkierung. Er hat eine Menge schreien hören, er hat Demonstranten Fahnen schwenken sehen, er war einem Laster begegnet, der blökende Schafe transportierte.

Eine Ansammlung von Lastern, Stimmen aus dem Lautsprecher, Zelte.

Er glaubt an eine weitere Halluzination.

«Wir sind gleich da», sagt Salima.

Er schüttelt den Kopf, reibt sich ein Auge.

«Du bist mein Held», fügt sie hinzu.

«Die Grenze…»

«Möchtest du immer noch, dass ich nach Cassis komme?»

Er lächelt schwach, nickt.

«Chez Nino», sagt er, «denk dran.»

«Du blutest ja, ich sehe doch, dass du blutest, deine Hose!»

«Chez Nino…»

Sie gerät in Panik.

«Du verblutest!»

Er antwortet undeutlich, ringt nach Luft.

«Hilfe!», ruft sie und hängt sich aus dem Autofenster.

«Der Koffer…»

«Ja?»

Seine Stimme ist nur noch ein Hauchen.

«Vergiss… den Koffer nicht.»

Sie schreit, plötzlich in Todesangst.

«Henri? Antworte! Antworte mir!»

Der Toyota bremst ab, kommt von der Straße ab, die vor dem Grenzposten einen Knick macht und stößt ohne Wucht gegen eine kleine Mauer.

«Koffer…»

Sein Kopf sinkt auf das Lenkrad.

Aufheulen der Hupe.

Luce, exzentrische Malerin, hat einen illustren Kreis in ihrem halbverfallenen Weiler im Süden Frankreichs um sich geschart. Dazu gesellen sich drei Gangster, die einen Geldtransporter überfallen und den Weiler für das ideale Versteck für sich und ihre Beute halten. Als dann eher zufällig zwei Dorf-Gendarmen auftauchen, kommt es zu einem irrwitzigen Show-down ...

Dieser Roman begründete den «Neo-Polar», der die französische Kriminalliteratur revolutionierte.

Jean-Patrick Manchette
Jean-Pierre Bastid
Laßt die Kadaver bräunen
ISBN 978-3-923208-83-8

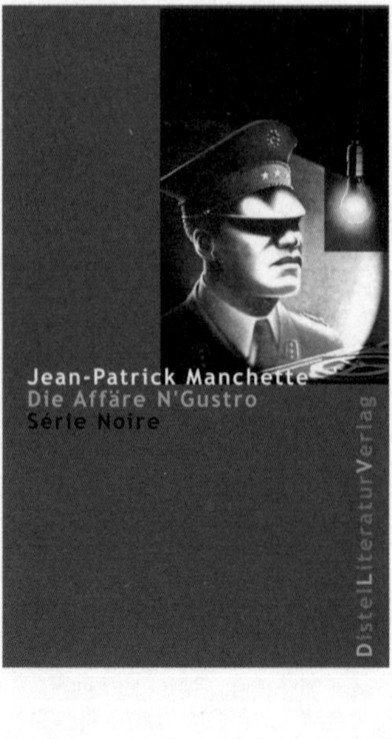

Henri Burton will alles: Geld, Sex und Ruhm, und das sofort. Und er hält sich für einen ganz harten Typen. Zuerst beteiligte er sich an Gewalttaten der politischen Rechten. Dann scheint er die Seiten zu wechseln. Er wird Leibwächter von N'Gustro, dem Leader einer afrikanischen Befreiungsbewegung. Er mischt sich in die große Politik ein. Und N'Gustro muß es ausbaden.

Jean-Patrick Manchette
Die Affäre N'Gustro
ISBN 978-3-923208-64-7

Der Killer Thompson übernimmt den Auftrag, ein Kind aus dem Weg zu räumen. Zunächst nur ein Job. Der wird jedoch zur Obsession, als das Kindermädchen Julie mit dem kleinen Jungen entkommen kann. Nun beginnt eine erbarmungslose Hetzjagd durch Frankreich, ein mörderisches Duell zwischen Julie und Thompson. **Verfilmt von Yves Boisset, mit Marlène Jobert.**

GRAND PRIX DE LITTÉRATURE POLICIÈRE

Jean-Patrick Manchette
Tödliche Luftschlösser
ISBN 978-3-923208-63-0

Die anarchistische Gruppe «Nada», eine Frau und vier Männer, entführt den amerikanischen Botschafter in Frankreich aus einem Pariser Luxusbordell. Kommissar Goémond, von höchster Stelle beauftragt, die Entführer aufzuspüren, übernimmt die Ausführung mit größtem Eifer.

Verfilmt von Claude Chabrol.

Jean-Patrick Manchette
Nada
ISBN 978-3-923208-55-3

Eugène Tarpon, Ex-Flic, versucht sich als Privatdetektiv in Paris, ohne Erfolg. Als er schon seine Zelte abbrechen und zu seiner Mama aufs Land zurückkehren will, engagiert ihn eine junge Frau, weil ihre Freundin bestialisch ermordet wurde. Doch Eugène Tarpon muß bald erkennen, daß der Fall eine Nummer zu groß für ihn ist ...

Verfilmt von Jaques Bral.

Jean-Patrick Manchette
Volles Leichenhaus
ISBN 978-3-923208-84-5

Privatdetektiv Eugène Tarpon leidet immer noch nicht an Überbeschäftigung. Da kommt der Auftrag, ein verschwundenes blindes Mädchen zu suchen, gerade recht. Als seine Mandantin, die Mutter der Verschwundenen, kurz darauf vor seinen Augen erschossen wird, ermittelt Tarpon weiter. Aber das hätte er vielleicht besser lassen sollen ...

Verfilmt mit Alain Delon.

Jean-Patrick Manchette
Knüppeldick
ISBN 978-3-923208-44-9

«Fatale» rast wie ein führungsloser Nachtexpreß durch die Phantasie des Lesers. Auf gerade 148 Seiten entrollt der bitterböse Roman die Geschichte eines Amoklaufs ... Manchette schreibt voller Outcast-Spott und beißender Sozialkritik. Die Romane mancher Kollegen wirken dagegen wie Bettlektüre für Asthmatiker. ***stern***

Jean-Patrick Manchette
Fatale
ISBN 978-3-923208-81-4

Georges Gerfaut, leitender Angestellter in Paris, macht mit seiner Familie Urlaub am Atlantik. Beim Baden im Meer versuchen plötzlich zwei unbekannte Männer, ihn umzubringen. Er weiß nicht warum. Sein ganzes Leben ändert sich, als Gerfaut erkennt, daß zwei Killer auf ihn angesetzt wurden ...
Verfilmt mit Alain Delon.

Jean-Patrick Manchette
Westküstenblues
ISBN 978-3-923208-62-3

Der junge Martin Terrier hatte einen Plan: in genau zehn Jahren wollte er als wohlhabender Mann in seine Heimatstadt und zu seiner Jugendliebe zurückkehren. Um dieses Ziel zu erreichen, trat er als Berufskiller in die Dienste einer «Firma». Jetzt will er aussteigen. Doch die Firma ist von seiner Lebensplanung wenig begeistert. **Verfilmt mit Catherine Deneuve und Alain Delon.**

Jean-Patrick Manchette
Position: Anschlag liegend
ISBN 978-3-923208-65-4

Neu verfilmt mit Sean Penn u.a:

Jean-Patrick Manchette
The Gunman
(Position Anschlag legend)
Sonderedition
978-3-923208-89-0

Die junge Fotoreporterin Ivory Pearl ist ausgepowert von ihren Einsätzen an den Krisenherden der Welt.
Sie zieht sich auf Rat ihres Freundes Farakhan, ein englischer Geheimdienstagent, nach Kuba in die Sierra Maestra zurück. Dort kreuzt die Spur eines Verbrechens ihren Weg, das sich einige Jahre zuvor in Frankreich ereignet hat. Ivory wird plötzlich zur Schachfigur westlicher Geheimdienste und internationaler Waffenhändler.

Jean-Patrick Manchette
Blutprinzessin
ISBN 978-3-923208-49-4

In der «Série noire» sind bisher erschienen (Auszug):

Tonino Benacquista
Drei rote Vierecke auf schwarzem Grund
ISBN 978-3-923208-69-2
Didier Daeninckx
Bei Erinnerung Mord
ISBN 978-3-923208-56-2
Pascal Dessaint
Schlangenbrut
ISBN 978-3-923208-77-7
Rolo Diez
Der Tequila-Effekt
ISBN 978-3-923208-70-8
Hurensöhne
ISBN 978-3-923208-76-0
Wüstenstaub
ISBN 978-3-923208-80-7
Sylvie Granotier
Dodo
ISBN 978-3-923208-54-8
Thierry Jonquet
Die Goldgräber
ISBN 978-3-932208-51-5
Léo Malet
Zoff in der Rue des Rosiers
ISBN 978-3-923208-87-6
Makabre Machenschaften am Boul' Mich'
ISBN 978-3-923208-86-9
Corrida auf den Champs-Élysées
ISBN 978-3-923208-85-2
Jean-Patrick Manchette
Volles Leichenhaus
ISBN 978-3-923208-84-7
Knüppeldick
ISBN 978-3-923208-44-9
Fatale
ISBN 978-3-923208-81-4
Blutprinzessin
ISBN 978-3-923208-49-4
Nada
ISBN 978-3-923208-55-5
Westküstenblues
ISBN 978-3-923208-62-3
Tödliche Luftschlösser
ISBN 978-3-923208-63-0
Die Affäre N'Gustro
ISBN 978-3-923208-64-7
Position: Anschlag liegend
ISBN 978-3-923208-65-4
The Gunman
Sonderedition zum Film von:
Postition: Anschlag liegend
ISBN 978-3-923208-89-0
Jean-Patrick Manchette / Jean-Pierre Bastid
Laßt die Kadaver bräunen!
ISBN 978-3-923208-83-9
Jean-Patrick Manchette / Barth Jules Sussman
Der Mann mit der roten Kugel
ISBN 978-3-923208-88-3
Chantal Pelletier
Eros und Thalasso
ISBN 978-3-923208-46-3
Der Bocksgesang
ISBN 978-3-923208-53-1
More is less
ISBN 978-3-923208-66-1
Jean-Bernard Pouy
Larchmütz 5632
ISBN 978-3-923208-45-6
Die Schöne von Fontenay
ISBN 978-3-923208-48-7
Engelfänger
ISBN 978-3-923208-57-9
Papas Kino
ISBN 978-3-923208-59-3
H4Blues
ISBN 978-3-923208-73-9
Serge Quadruppani
Das Weihnachtsessen
ISBN 978-3-923208-79-1
Patrick Raynal
In der Hitze von Nizza
ISBN 978-3-923208-67-8
Jordi Sierra i Fabra
Tod in Havanna
ISBN 978-3-923208-42-5
Cathi Unsworth
Die Ahnungslose
ISBN 978-3-923208-82-0

Suite noire: Die Krimi-Reihe zu den Filmen auf arte

Colin Thibert
Nächste Ausfahrt Mord
ISBN 978-3-942136-00-6

Chantal Pelletier
Schießen Sie auf den Weinhändler
ISBN 978-3-942136-01-3

José-Louis Bocquet
Papas Musik
ISBN 978-3-942136-02-0

Patrick Raynal
Landungsbrücke für Engel
(Schönheit muss sterben)
ISBN 978-3-942136-03-7

Marc Villard
Die Stadt beißt
ISBN 978-3-942136-04-4

Didier Daeninckx
Nur DJs gibt man den Gnadenschuss
ISBN 978-3-942136-05-1

Laurent Martin
Die Königin der Pfeifen
ISBN 978-3-942136-06-9

Romain Slocombe
Das Tamtam der Angst
ISBN 978-3-942136-07-5

SUITE NOIRE
SERIE IN SCHWARZ

Jeder Band
gebunden,
Flexicover,
ca. 100 Seiten
10,00 €

Weitere Infos und Gesamtverzeichnis: www.distelliteraturverlag.de